Catch on!
知道的書

恩瓊‧荷達
ANJUM
HODA

黃書儀
——譯

——著

BLUFF

THE GAME
CENTRAL BANKS
PLAY AND
HOW IT LEADS
TO CRISIS

泡
沫
沉
思
錄

低利率的疲勞
失靈的價格 與
「便宜錢」對我們的掠奪

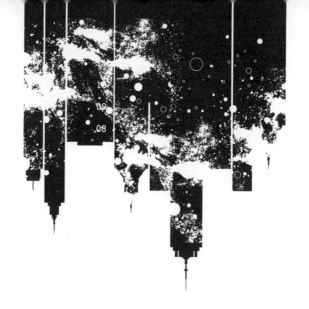

我看見自由在大街上遊蕩，
並且站在門檻上乞求大家的庇護，
但是人們拒絕了。
後來，我在一個很長的遊行隊伍裡看見了退步，
人們稱呼它為自由。

———————— 出自《The Vision》，詩人紀伯倫

目錄　　　　　　　　　　　　　　**CONTENTS**

第五部 | 邁向穩定

自序

美國作家約瑟夫·海勒（Joseph Heller）耗費七年時間，才完成《第22條軍規》一書；我回想當初閱讀到這一點時，心中的困惑油然而生，心想：「怎會有人花這麼久的時間才完成一本書。」不過，時間才沒過多久，想法便隨著我們的成熟而立即改變。我最初是在2009年，嘗試著手撰寫這本書，但經過大約十個月的努力，我的滿腔熱情已然消退。

直到2012年秋天，我曾任職的一間企業邀請我參加一場晚宴，那天現場出席的都是該公司的重要人士。當我走向其中一張圓桌，並往擺著我的名牌的座位就座時，另一單位的同事走向我，並往我隔壁的位置坐下。他斜眼看著我的名牌，雙手攤在空中並且生氣的說：「我此時此刻才知道，我隔壁這位貴賓，會讓我的工作危機重重啊。」我禮貌地微笑回答：「彼此彼此。」

晚宴的後來，一位董事會成員在圓桌的另一頭開始發表談話。當這位董事還在說話時，圓桌的這一頭開始有人竊竊私語起

來，而其他人也豎起耳朵的聽。他說：「我從未見過妳，妳一定是新加入的同事。」我回答：「正是。」

「妳過去曾在哪裡高就？」他繼續問道。我對他們解釋我先前的工作，他回答我說：「哇，利率呀。妳知道利率對我們很重要，影響很大的。妳目前對利率的看法是什麼？會漲嗎？」他指的是美國國債利率。

「如果真的漲，那麼所有東西的價格都會崩跌。我猜國債可能會漲，但應該是某些市場的意外事件所造成，並非央行刻意所為。這也意味著，這將是購買國債不可錯過的好機會。」

「所以，妳會擔心這類意外事件發生嗎？」

我回答：「不，不太會」，接著，又微笑的補充一句：「或許也是會擔心吧，這是我不申請房屋貸款的原因。」

就在此刻，坐在我隔壁的男士大聲的發出不置可否的噓聲「看吧，這就是吸血的銀行從業人員！」他接著開門見山的說：「你們看看，這些銀行從業者，他們將納稅人的錢中飽私囊，有錢到可以用現金在倫敦購買房子，根本不用申請貸款。」我因為他的無禮而嚇了一跳，並後悔對於他子虛烏有的說法，未能及時想出一個聰明的答案回應。我當時之所以沒有申請房貸，是因為我的房子是租賃的。

當晚我回家，思忖大眾對引起金融危機理由的誤解後，我開始積極地想要完成這本書。我在金融業工作近二十年，沒有人可以完全跳脫人類的境況，因此我目睹過人們的恐懼、不安全感與肉搏競爭。不過，多數時候，我接觸的都是專業且具強烈工作道德的人士；企業裡最重要的核心——獲利，是他們努力的動力。我從未見過恣意欺瞞以及故意欺騙的人。

一直到 2013 年末，我才開始認真的寫作。因為那一年稍早發生了一連串的事情，更讓我下定決心要完成這本書。經過六個月的瘋狂撰寫，我請教一位我非常重視的人，請他對我未經修飾的初稿給予意見。他同意了並且告訴我，本書的命題很有吸引力；不過他也溫和的告訴我，我的寫作風格並不出色。對我而言，這已是很大的鼓勵。

我刪除了原來的稿件，重新再撰寫一次。而於此同時，我也認識了 David Higham 出版集團的安德魯·高登（Andrew Gordon），他立刻給予我一些敘事藝術與書籍內容建構的技巧。我也感謝 Oneworld 出版社願意出版此書；尤其是該公司後來的主編麥克·哈波利（Mike Harpley），他是第一位挑選本書的人，即使本書的命題與由貪婪與誘惑交織而成、還有與商業與獲利至上的華爾街背道而馳。我也感謝班·桑姆納（Ben Sumner），由於他的編輯建議，讓這本書的內容及觀點更為清晰、銳利。

最後同樣重要的是，這本書要獻給我的父母，感謝他們賜予我生命，並為努力工作與簡單生活的價值做了最好的示範。

──────── 2015 年 12 月 英格蘭，倫敦

第一部

央行的誕生

……我們並未受惠於新世代經濟的風平浪靜，相反的，

我們親眼目睹了過去三世紀以來，

一連串最出人意料的金融危機再度上演，

進而帶動了整個中央銀行系統的全面進化。

第 1 章　質疑的必要

英國經濟學家約翰・彌爾（John Stuart Mill）在他 1859 年出版的著作《論自由》（On Liberty）裡曾寫道：

> 在目前這個被形容為「缺乏信仰卻又懼於懷疑」的時代裡，人們雖然具有信任感，卻對某些想法之真實性不那麼肯定，只因為若沒有它們作為依歸，人們不知該如何是好。一個不被大眾挑戰的想法，並非全因為它源自於真實性，而是它對社會的重要性。[1]

一百五十年過去了，彌爾的話——形容我們不願質疑我們的信仰架構，這正是我們對央行態度的最佳詮釋。做為貨幣的管控者——具備貨幣交換媒介以及價值儲存雙功能的經濟必備機構，央行在社會上具有至關重要的地位。社會大眾多半不會質疑央行的多數決策，主要在於央行的角色如此不可或缺，而不是我們認為央行的決策正確無誤。我們默許它的想法與解決經濟問題

除了特別提及的資料，本書所有經濟及市場資料均來自於彭博資訊社。

1. 約翰・彌爾，《論自由》(Norwalk, CT: The Easton Press, 1991)，第 34 頁。

的方式：亦即利用低利率不斷降低購買力，是創造未來經濟穩定與健康的必需方式。於此同時，由於大眾對貨幣缺乏信心，紛紛地把錢轉往風險性投資標的。而這股投資狂熱的結果，讓房地產、股票、黃金及其他資產，在短期間創造出耀眼的獲利。還有一個難以察覺的可怕現象是，鉅額的公共債務促使政府不時地去創造更大的通膨，只會讓這股熱潮愈演愈烈。

從 1990 年代末開始，雖然房地產價格與股市大漲，但薪資漲幅卻遠遠落後。也就是說，資產價格上揚並未奠基在薪資扎實的上揚之下；相反的，這是低利率所造成與支撐的結果。因此，每當升息時，這些投資的價格都以重跌收場，留下一連串的經濟災難與苦痛。儘管資產價格波動最後反彈回來，但我們早已接受「持續的創造通膨與過度操縱利率，是有效拯救經濟方式」的想法。

我們之所以不願質疑央行，主要出自於恐懼──懼怕股市、債市與房市再也無法反映社會裡的財富，反倒成為傷害財富的巨怪。人們之所以追求房產上漲並將所有投資注於股海，這股吸引力其實非常的龐大，尤其是當人們的工作前景不明、薪資漲幅有限以及面臨通膨壓力時。但這令人眼花撩亂的回報亦有其缺點：它終將綁架了我們的經濟財富與生計。這正是我們懼於面對央行的原因：一旦多數民眾都投入於風險性投資裡，人人皆希望價格可以不斷上揚。因此我們毫無選擇，只能倚賴央行不斷的用更低的利率來推升價格。

對於引起 2007 年至 2009 年間那場金融風暴的原因，目前

大眾認可的解釋是，那是由一群貪婪與欺騙世人的商業銀行與投資銀行從業人員及交易員所致。然而，事實的真相是，即使在金融危機發生後，且商銀與投銀皆受到嚴格控管後，房地產價格與金融市場仍舊不穩定，價格一下子快速上升，要不就劇烈下挫。這不穩定的現象透露出造成金融危機的原因仍存在於各處。

商業銀行的經營模式[2]前提是，銀行必須保留一部分客戶的存款，做為提領的現金使用，至於其餘部分則長期出借給企業與個人，或者投資於由需要資金的各類借款人所發行的債券上。這項投資行為，得以讓銀行獲得的獲利，比支付給客戶的利息還要高。這個商業模式就像是經營健身房，這些健身房必須要擁有非常多的會員，而且會員數一定要比任何時段可實際容納的人數還要多。健身房的老闆推斷所有會員並不會同時出現在健身房裡使用器材，否則問題就大了。同樣的，銀行推斷客戶並不會同時間來提領現金，因此長期下來，銀行裡會存放著一大筆龐大的資金。

然而，讓客戶得以在任何時間裡提領現金去進行風險性投資，商業銀行就必須異常的增加現金以因應需求，這也讓銀行非常容易受到傷害。因為面對這樣的需求，銀行必須回收已放貸出去的金額，並且賣掉旗下的資產。這無可避免的行為，會造成業務終止、工作喪失以及價格跌落——不僅是風險性的債券，還包括房地產（因為房地產通常是根據信用來銷售或購買）與股東權益（因為股東權益係由公開交易企業依其權利而提出的主張）。

---

2. 泛指接受存款的機構。

這情況會迅速惡化：當所有銀行都試圖增加現金部位，有可能造成不景氣的現象，財務損失也會增加。結果，銀行與投資人紛紛不再進行風險性投資，這又只會讓經濟低迷的情況更加惡化，同時強化了他們不願投資的意願。

為了防止永無止境的金融痛苦與衰退，此時央行（做為政府的獨立雙臂）——本書裡指的是英格蘭銀行與美國聯準會——萬不得已只好站出來進行干預。貸款與債券在基本上，是借款人承諾在未來支付債權人一筆固定的資金，而且從現在到債務到期之間，在扣除利息之後，這筆錢可以立即轉換成現金還款。央行穩定金融系統[3]的方式，就是提供現金來替代這些折扣後的投資，降低利息或者是以當前的利率提供折扣[4]。

在央行扮演穩定金融的角色前，大眾對銀行的不信任經常引起恐慌。華德·迪士尼經典電影《歡樂滿人間》的故事背景，主要就設定在二十世紀初的倫敦，其中有一段內容對當時人們對銀行的不信任感，有非常簡單卻寫實深刻的描繪。片中主角「喬治班克斯」先生在倫敦市中心的富達銀行工作，有一天他帶著兩個孩子「珍」與「麥克」來到他工作的地方。當班克斯向他的老闆「達維斯」老先生介紹他的兩名子女時，這位銀行董事長一面說著投資的重要，一面將麥克手中的零用錢拿了起來。可是，麥克一點也不覺得投資貫穿非洲的火車鐵路以及尼羅河大壩，會有

---

3. 嚴格來說，公開市場中合格證券的銷售與購買，亦有折現的類似效果，這將在第三章中進一步說明。
4. 技術上而言，正確說法應該是「折現」，因為債券的價格已是固定的未來支付款項的折現價值。

任何前景，他寧可拿零用錢去購買鳥飼料。結果，正當他喊叫著要拿回自己的錢時，竟不自覺的引起銀行裡一陣騷動——其他客人聽見他驚慌的哭叫聲，開始擠兌存款，誤以為銀行已經沒辦法支付款項了。

《歡樂滿人間》的故事背景設定在愛德華時代的倫敦，當時是英國帝國以及該國金融權力最顛峰的時候；這段電影故事場景，反倒比較像是大西洋另一端的寫照。在美國南北戰爭結束後，美國經濟一直為不斷發生的銀行危機所苦。經濟衰退分別在 1873 年、1884 年、1890 年、1893 年級 1907 年造成銀行倒閉，這也讓大家更擔心未來銀行的前景。這股憂慮甚至蔓延到部分有償付能力的銀行，也使得這些銀行關門大吉。為了留下銀行裡的現金，銀行開始阻止客戶提領存款，這更加劇人們心中的恐慌。但為了增加現金部位，銀行甚至被迫限制對企業與家庭的放款，造成了信用減縮的現象（或稱作「信用緊縮」，這是當今較為人知的說法），進而讓經濟衰退更為加劇與惡化。

1907 年的銀行恐慌對經濟影響已到非常嚴峻的程度，貨幣改革已是刻不容緩之事。最後，美國聯邦準備系統在 1913 年十二月應運而生。依照聯準會的解釋，該機構的主要目的是「提供彈性的貨幣供給」——有能力迅速供應大量的貨幣需求，並且在貨幣需求減少時再予以回收（因此稱作「彈性」）。因此當客戶需要現金的時候，美國聯準會得以協助整個銀行體系，滿足客戶在現金與流動性上的需求。也因為可以向聯準會借款，銀行再也不需要限制放款或限制客戶的提領；儘管偶爾有短期的流動

性供應不足，整體信用狀況亦得以維持在穩定的狀態。

1929 年至 1933 年間，美國銀行倒閉成為拖垮美國經濟的主要原因，大家稱之為經濟大蕭條。銀行為了求現，紛紛緊縮信用並拍賣資產，這讓所有價格開始狂跌、企業紛紛倒閉、債務違約，惡性循環進而讓銀行系統承受更大的壓力。由於當時聯準會已成立，許多政治人物與經濟歷史學家批評，該機構在當年並未對銀行體系與整個經濟提供足夠的協助。

聯準會的力有未逮，並未被世人所忘，特別是近些年的聯準會主席柏南克以及其前任主席葛林斯潘的作為。在 2008 年九月，當時的經濟仍火熱發燙，但龐大的負債——包括金融產業與上百萬美國家庭的負債——卻拖垮了銀行，例如投資銀行雷曼兄弟，便在當時宣告破產。儘管計算失誤，但美國聯準會最後出面扮演「最終放款人」（Lender of Last Resort）角色，發揮了該機構當年成立時期望具備的彈性貨幣供給之功能，拯救整個金融體系免於崩盤。但諷刺的是，雖然聯準會立即挽救經濟於水火，但它卻必須為種下全球金融危機的種子而負起最大責任。這個全球金融危機最先始於 2007 年，因為當時美國次級房貸借款人陸陸續續開始出現違約，一直到雷曼兄弟破產後，這項嚴重的信心危機終於達到了巔峰。

英格蘭銀行與聯準會一樣，具備相同特色：能在短期內供應彈性貨幣，隨時有能力扮演金融機構的最終放款人。然而，影響

貨幣價格（在儲蓄中可賺得的利率以及借款必須支付的利息）以及同時間造成通膨的能力，亦讓央行也具備影響經濟成長以及就業率的影響力。為了瞭解央行的過失，我們必須將其最終放款人的角色，從創造最大經濟成長與就業的主要功能中，拆解出來檢視。

央行在經濟管理上，被認定正在進行一種「唬人」的遊戲：**藉由低利率刺激人們投入經濟活動中，以創造出更多工作機會與薪資，帶來繁榮的景象。**一開始，由於借貸成本降低，加上大家皆認為較高薪資將支撐人們的購買力，促使投資人開始投資於風險性資產，例如股市、公司債以及房地產，並期待這類資產的價格將會不斷走高。同時之間，以賺取銀行利息為主要收入來源的客戶，其利息因降息而大幅縮水，或者，投資於無風險的政府有價證券的投資人，在收入面臨通膨的侵蝕下，也開始將錢轉往高風險資產中。人們一窩蜂將錢轉投資於風險性資產，形成了一股「感覺良好」的氛圍，但其結果，卻不一定能讓大家的薪資提高。由於薪資無法提升，唯有更低再更低的無風險低利率，才能繼續支撐資產的價格以及更高額的債務；而繁榮的泡影，就在不遠之處。這兩大因素，是風險性投資持續受到青睞的原因。但是其缺點是，只要投資人的想法改變，或者當借貸成本一調高，這類資產就會變得非常脆弱。

如果資產價格不受到低利率的支配，央行的唬人策略或許可以帶來高薪資成長。但是以央行釀成 2007 年至 2009 年的金融危機來看，我們只能說，這是一個失敗的方法。央行創造出來

的短期經濟榮景，讓銀行從業人員、投資人以及交易員們發了一筆橫財，但這只是一個完美的偽裝罷了。當央行自己進行的唬人遊戲逐漸失控之後，它們剛好可以將金融危機所造成的傷害，歸咎於這些人。

第 2 章　唬人的動機

對於「唬人」這個動詞,在 Free Dictionary1[1]上有三種解釋:第一,誤導或欺騙。第二,藉由偽裝出來的自信,使對方留下深刻印象,或震懾、脅迫對方。第三,在撲克牌遊戲裡,將籌碼重押在點數很小的牌上,或者是在擁有一手好牌時,只押一點點籌碼或完全不押籌碼,試圖欺騙你的對手。

央行「以偽裝出來的自信,誤導並讓大眾留下深刻印象」,此說法不僅顯得不太適宜,央行似乎也缺少了如此作為的行事動機。一個擁有影響貨幣價格能力且能提供無止盡流動性的機構,為何會缺乏影響經濟的能力保證,竟淪落需要誤導大眾的地步?

一句古老諺語,就是最好的答案:「你可以牽馬到河邊,卻不能強迫馬兒喝水。」意思是你可以提供機會,卻不能保證人人都能把握機會。央行雖然可以降低借貸成本,卻不能保證大家都能據此採取行動。如果我們用「囚徒困境」(prisoner's

---

1. 資料來自 Free Dictionary,可在 www.thefreedictionary.com 上查詢,Farlex 提供(查詢日期:2014 年 4 月 15 日)

dilemma）來解釋人們對降低利率的反應，那麼，我們就更清楚央行為何採取「唬人」策略的原因了。基本上，由於人們擔心其他人可能對自己做出不有利的選擇，在這股擔心憂慮之下，自己反而做出了次等決定。

囚徒困境是在形容有兩個嫌犯，被逮捕之後分別單獨關在牢籠裡，他們倆面臨一個困境是：由於原告沒有直接證據，因此這兩名嫌犯，只能以較輕的罪名被定罪。結果警察分別告訴這兩位嫌犯，並建議：若你願作證另一個人犯了這項罪，對方就會被定罪，並必須接受嚴厲的刑罰，你則可無罪開釋。但是，倘若兩人皆站出來指證對方犯罪，他們倆人都會被判很長的牢獄，刑責只不過比兩人共同犯罪輕一點而已。因此，對這兩名嫌犯而言，最好的選擇就是都閉上嘴巴，接受較輕的罪名。然而，由於他們心裡害怕另一方會出賣自己，因此兩人都選擇接受警察的建議，皆站出來指證對方。最後，他們因為不信任對方、未保持緘默，反而選擇了一個較糟的結果，坐的牢比原來需要服的刑期還要長。

_____

現在，請各位想像一個情況：目前失業的情形非常嚴重，每五個人中，就有一人找不到工作。為了緩和失業的情況，央行降低了利率，希望能藉此鼓勵企業借錢，添購更多的設備並聘僱更多員工，以增加更多產品與服務。但是，以上結果一定會如央行所期預期而發生嗎？請想像有一間已經負債的製鞋公司，較低利率

或許可以減輕其負債壓力，並在現有的銷售上增加獲利。然而，在他投資更多器具與員工來製造更多鞋子之前——如央行所期望，製鞋廠老闆必須先滿懷信心，相信有更多人找到工作且／或擁有更高的薪水；或者是，至少他們願意花更多錢消費。一名玩具製造商也有同樣的想法：若其他企業聘僱更多員工，這些人將擁有更多錢消費，因此她才願意投資更多資金製造玩具。這樣的例子還有很多。

顯然大家都願意聘僱更多員工：假如有更多人在賺錢，將有更多金錢花費在商品與勞務的消費上，替企業創造出更多的利潤。可是，企業可能也會擔心，萬一自己已經準備擴大產能了，但其他人卻不願起而效尤。倘若消費大眾對自己的就業機會並不確定，他們將會減少支出。

當企業與消費者不斷質疑彼此的意願，只有更少數的人才能找到工作，結果只會造成：人們賺到的錢整體而言變少了，而且也只有少數人賺到錢，因為過剩的勞力讓薪資一直維持在低水準。就像上述的兩名嫌犯一樣，大家最後選出了一個次等選項。要以廉價資金來刺激經濟的成長，人們必須先克服心中的疑慮，並信任另一方賺錢與花錢的能力與意願。

正因為懷疑與不信任，降低利率本身並不能成為一個帶動成長的策略。而這正是央行一定要展現出滿滿自信——某種程度的虛張聲勢——的原因，它們必須要為此背書，必要的話，還要以強制性戰術來證明自己能夠說服大眾，提升消費意願。央行

可能要先假設，大家對於降低借貸成本都有正面的反應，因為較低的利息負擔，可以讓大家有較多錢花費。然而，不消多久時間，央行必須要再降息使利率低於通膨——實際上這已蝕掉我們的存款，因為我們的任何收入再也無法彌補通膨所造成的購買力降低。假如這樣做仍無法產生效果，央行的威脅利誘就變得更為露骨：央行保證長時間都不會調升利率。此時此刻，它們也開始相信，長時間的購買力降低，是刺激經濟的好方法，即使最小氣的吝嗇鬼也會願意花錢，最會趨避風險的人也會拿錢出來投資。

承諾長時間維持低利率其實有一個風險：個人與企業的負債將會超量。然而，現階段央行若提出任何警告，都會不利於自己的企圖，而且面對心裡愈來愈猶豫懷疑的大眾，央行的信心與企圖若不夠堅定，只會讓局面難以收拾。

央行能做的，就是不斷以降低購買力來刺激民眾，試圖創造出經濟動能，即使這會誤導民眾負擔更多的債務。接著，等人們上鉤，興高采烈的開始借錢、消費與投資——相信利率將有一段時間會維持在低檔時，才發現物價後來也跟著上揚，生活實在不容易。人們很快就明白，央行必須放棄當初的承諾，表示將謹慎對待通膨問題，將其維持在可控制的範圍內。至於當初那群相信利率將長期維持在低檔、可趁機增加貸款的人們呢？央行的官員們雖然發現，有些照著他們的話去增加負債的人，此刻可能會過得較痛苦，但是他們依然相信，整體而言，通膨終將會帶來較高的收入，足以彌補借貸所付出的較高成本。

央行的唬人策略，主要源自於一個似是而非的節約說：某一個人的消費金額正是某個人的收入金額，倘若我們所有人都過著簡約的生活，那麼所有人都會變得比較貧窮，而不是更有錢。因為過份節約或憂慮，會讓消費與投資裹足不前，這將會帶來失業率，而且降低整體的經濟繁榮度。因此央行採取了唬人策略，試圖改變、影響大眾的心裡。

如果我們對「央行是一個狡詐、善於操弄的政府機構」的說法，感到有些陰謀論的意味，那麼，也可以把它想成是一名「嚴格的家長」：一個規定孩子必須在晚上八點上床睡覺的爸爸或媽媽，不斷恐嚇孩子一旦過了上床時間後，將有個巨大的魔鬼會來敲門，把調皮的孩子帶到一個沒有糖果的國度。正如這些央行官員們所說的，他們的善意欺騙真的是出於一片好意——是要幫助經濟盡展其潛力。

從歷史角度來看，英格蘭銀行與美國聯準會所扮演的角色，曾依下列幾點而改變過：期待易於取得信用的需求、物價的高低變化，以及銀行體系出錯的痛苦等。而它們開始扮演起對大眾心理有特別興趣的「親善守門員」角色，則比較像是二次大戰後勢不可擋的結果：因為這是凱因斯經濟學派的產物，並以一個似是而非的簡約說法為立論前提。

一直到 1987 年，當葛林斯潘（Alan Greenspan）開始擔任聯準會主席時，聯準會才開始充分發揮其功能。那時以後，央行的勢力與影響力，在各種任務的廣度與深度上均迅速攀升。然而，

我們並未受惠於新世代經濟的風平浪靜，相反的，我們親眼目睹了過去三世紀以來，一連串最出人意料的金融危機再度上演，進而帶動了整個中央銀行系統的全面進化。

第 3 章　從凡人到上帝

　　在英格蘭，一直到了 1640 年，像銀行這種具備儲放、停泊大眾資金功能的機構才開始真正出現；而當初扮演這個角色的機構，是後來位於倫敦塔的皇家鑄幣局。一些信任鑄幣局的商人們，將他們多餘的錢幣與金條存放在這裡。然而，當時仍是奉行「君權神授」的時代，因此民眾將財產儲放在國王所管轄之機構之下，總是一件風險挺高的事。

　　就在英國的議員們與保皇派雙方發生內戰的前夕，英王查理一世希望能夠籌資來養一支強盛的軍隊，以作為其統治權的象徵——然而，這個做法並不獲得議會的贊同，議會不斷的想方設法阻攔國王籌資。在絕望之下，查理一世竟強行佔有了皇家鑄幣局裡價值十三萬英鎊的金條，這個行為讓商人們震驚且憤怒不已。雖然金條最終仍返回到皇家鑄幣局，但商人們再也不相信皇家鑄幣局是儲放財產的安全之地。他們紛紛把錢拿回來委託自己的職員或出納員工保管，但是，當 1642 年英格蘭爆發內戰，這些員工竟有許多人帶著老闆的錢逃跑。這些商人們最後只好回頭找金匠，因為金匠對貴重金屬不僅擁有豐富的知識，也懂得怎麼做貨幣兌換。當皇家鑄幣局不再被認為是一個安全的地方

後，金匠開始取而代之，成為這些商人財產的保管人[1]。

　　當金匠收到這些保管的貨幣與金條時，他們習慣開立一張收據給客戶。當客戶要領回自己的錢時，這些收據就是領回時的書寫憑證。慢慢的，大眾開始樂於把錢長期存放在金匠那兒，而金匠亦得以運用這些存放的資產，例如，當商人在生意往來時需要票據折現[2]時，金匠可以利用這些資產折現給商人以因應其現金上的需求；此外，金匠也可以把這些存放的錢借貸給他人，賺取利息收入。一開始作為保管平民財產安全的金匠，後來轉變成兼具吸收存款與放貸的「銀行存款部分準備制」（fractional reserve banking）功能的地方；在這裡，金匠只需保留客戶一小部分的現金在手上，至於其餘的錢，則可用來賺取更高的報酬（比付給客戶的利息還要多）。

　　商人往往會遇到銷售收支不符、急需現金補足缺口的情況；而信貸的提供，讓商人再也毋須保留閒餘資金來填補資金缺口。因為這些經營「金行」的金匠們，可以將他們手中的票據折現，馬上提供他們必需的現金。因此，商人們的生意愈做愈大，也愈來愈具規模，加上後來只要用黃金存款的紙張憑證就可交易，相較於原來笨重的貨幣，這讓做生意更為便利。

---

1. 英格蘭銀行歷史出自於 A. Andreades 所撰寫的《英格蘭銀行的歷史》（倫敦：P.S. King and son，1909 年）以及 R.G Hawtrey 撰寫的《銀行利率的一百世紀》（倫敦：Longmans, Green&Co. Ltd,1938 年）。
2. 由於匯票在交易貿易商之間只不過是幾個字母，卻代表在未來某日支付款項的保證，因此可以藉由目前與未來到期日間的利率，將未來的款項折現成為貨幣。

當這些金行從這些交易活動中開始獲利賺錢後，也開始支付利息給存款人，以鼓勵更多人們把閒置財產存放在金行。隨著金行愈來愈受到歡迎，且愈來愈多資金存放在他們這裡時，這些金行開始允許存款客戶，不需任何告知就可以提領存款。因為信貸的提供、紙張憑證的便利以及存取非常簡便，大眾對金行發行的紙張憑證接受度愈來愈高，以至於後來這些憑證的流通率，還遠高於硬幣，這就是現代銀行使用的紙幣的前身。

到後來，由於這些私營金行所累積的存款額度相當龐大，政府甚至也來向金行貸款。十七世紀的克倫威爾（Oliver Cromwell）在英格蘭內戰後的空窗期，曾擔任英格蘭的護國公，由於他不願要求議會徵收更多稅金收來養軍隊，因此成為首位向金行借款的英格蘭領袖。1660 年當君主帝制再度復位，查理二世也繼續向背後擁有人民資產支持的金行借款。後來這些民營金行訂定出一個制度，這些擁有大眾資金的金行若要貸款給政府，向政府收取的利息，要遠高於支付給一般存款人的利息才行。

以前教堂曾禁止高利貸的行為，且此禁令在十四世紀時，由王室頒布法令正式通過；但是到了 1495 年，這項法令就廢除了，這等於間接同意讓放款人可以收取利息。1545 年亨利八世正式將收取利息的行為合法化，並將利息上限訂在 10%；但後來在 1624 年，這個上限調降至 8%，1651 年更降到 6%。然而，這些上限並沒有什麼用處，因為這些金行收取的借款利率，遠高於此限。起初，金行向政府收取 8% 的利息，至於支付給一般存款

人的利率則是 6%。但是，當國王需要的貸款額度增加了後，金行的利率也隨之提升——到了 12% 甚至更高，有時候甚至高達 20% 或 30%（對一般大眾收取的利息也非常高）。

話說回來，把錢存在金行也不代表全無風險。曾有金行發生倒閉破產，存款人存放的金幣或金條，並不保證拿得回來，結果，大家只能眼睜睜的看著全部積蓄血本無歸。久而久之，大眾開始擁有一股強烈的需求，覺得應成立一間可以提供利息較低、且能夠發行擁有等值金屬貨幣作為擔保的紙鈔的機構，提供在生意上所需要的衡量標準及便利性。顯然，這樣的機構必須要有國家作為後盾，因為國家才擁有這麼多必要資金——可能是來自於課稅，並有能力提供這樣的保證。然而，大家對於國王當年佔據皇家鑄幣局裡資產的醜聞，依然記憶猶新，因此擔心由國家成立的銀行，存款很容易被剝奪佔據。但直到了 1672 年發生了一件事，更強化了民眾這方面的需求。當時財政短缺的查理二世，下令國庫中止支付利息長達十二個月；那時，政府積欠私營的金行共達一百三十萬英鎊，結果這些金行也連帶無法支付一般存款人的任何款項。最後，金行大規模破產，也使得這些金行存款人們感到非常恐慌。

一直等到 1694 年，當時的環境背景終於使得一間「擁有國家支持」的銀行成立有望。當時英國與法王路易十四政府之間的戰爭已經進入第五年，儘管英國政府已從賦稅與國家支出中處處擠壓經費，可是依然捉襟見肘，因此，英國政府再次考慮募款籌資。然而此時此刻的英國，已經採君主立憲制（1688 年光榮革

命後開始推行)，因此成立一間擁由國家支持的銀行，是較有利於一般民眾：因為將國王的花費與國家預算分開，代表著侵占銀行資產的可能性變低。政府最後開始思考成立一間擁有國家作為後盾的銀行，以確保貸款的安全性，而英格蘭銀行就在 1694 年，經由國會立法通過而成立。

　　這間銀行雖有國家為後盾，但仍是私營為主，主要為國家貸款籌資所用，其正式名稱是「總理暨英格蘭銀行公司」，各股東共籌得一百二十萬英鎊作為成立資本，而這筆錢再以每年 8% 的利率借給政府。每年十萬英鎊的利息收入中，包括了四千英鎊的銀行管理費用。這間銀行設有一位行長、一位副行長以及二十四位主管，每年主要從股東裡遴選出來擔任。由於該銀行的借款利率比市場上的利率低，因此享有諸多的銀行特權作為回報，包括了允許發行銀行券作為票據折現使用，而銀行券也可代替該銀行所收取的貨幣與金條，就像以前的金匠們一樣。

　　由英格蘭銀行發行的銀行券，亦可憑票券換成黃金或貨幣。即使銀行並未被要求必須擁有與其發行票券之對等額度的黃金與金條，但一間穩健的銀行，就必須維持大筆現金(貨幣與紙幣)與金條的儲備水位，以支應客戶的提領。銀行發行的紙張票券是兌換的媒介，且當它們在經濟體裡流通使用，它最終會成為存款，回到客戶的銀行帳戶裡。倘若其利潤(從票據折現時扣除利息中賺得的)讓銀行發行過多票券，那麼客戶可以從他們的銀行帳戶

裡提領更多錢出來——無論是做為口袋裡的零用金，或者是兌換成黃金並用來支付從外國進口的貨物。這自然會讓銀行的儲備水位降低，影響銀行的生存，並成為銀行在發行紙幣數量上與生俱來的限制。

沒過多久，在 1697 年，政府開始對英格蘭銀行所發行之可轉換成黃金的銀行券，提供背書保證，例如，倘若有人拿票券去銀行兌換，但銀行卻付不出來，此時可以拿到國庫憑票支付，而政府積欠銀行的利息就可以從中抵銷。因此，銀行券的發行總量，就不會超過借給政府的資金。重要的是，英格蘭銀行就此成為唯一一間由國家提供保證的銀行。這無疑是向民眾再次證明，其他機構發行的票券無法與英格蘭銀行所發行的銀行券抗衡，因為它擁有政府的最終保障，這一點非常重要。很快的，英格蘭銀行發行的銀行券，流通的更廣泛，因為大家對它擁有一份安全感；而這份安全感是一般金匠銀行的票據所無法提供的。

借錢給政府所帶來的利息收入以及享受到的銀行特權，為英格蘭銀行帶來豐沛的利潤，股東們也可分配到可觀的紅利。故在接下來的世紀裡，在雙方互利之下，漸漸發展出了一種模式。政府跟英格蘭銀行相互交換利益：政府延長英格蘭銀行的特許權，讓銀行在其特權之下繼續賺錢獲利，而政府再次向銀行貸款之時，銀行給予政府特別低的利息以作為回報。

為了獲得英格蘭銀行額外的貸款，1709 年政府通過一條法案，禁止其他大型合股企業發行銀行券，以及在英格蘭經營銀行

事業，這項法令讓英格蘭銀行成為一個壟斷單位。除了英格蘭銀行外，只有股東人數不超過六人的較小型銀行，才能經營。然而，壟斷的局面沒過多久就出現問題，因為這類小型銀行既沒有口袋深的股東，也缺乏紀律，因此所發行的銀行券額度，很容易就超過所儲備的金屬貨幣量。

由於英格蘭銀行的銀行券只在倫敦流通，其他地區的商人被迫只能依賴規模較小的銀行，用它們發行的銀行券來進行匯票折現，以因應現金的需要。隨著經濟愈來愈繁榮，十八世紀英格蘭的貿易與商業活動十分盛行，這些小型地方性銀行的數量亦迅速激增；在1750年只有十二家，但是到1793年成長到400家。小銀行以匯票折現的方式提供商人們信用，再用這些票據向英格蘭銀行提供現金。小銀行在需要的時候，以手上的資產抵押向英格蘭請領現金，這讓它們只要維持低量儲備，就能夠應付客戶的提領需求。

然而，1792年的嚴重經濟衰退造成破產，大家對流通的票據信用價值也心存疑慮。因此，在1793年二月，英格蘭銀行開始拒絕對小型銀行提供現金；因為現金儲備不足，它必須暫停一百萬英鎊的付款，才能償還債務。由於英格蘭銀行的無力支付，進一步造成一連串破產以及小型地方銀行倒閉。信心不足的情況遍布各地，即使償付銀行也出現擠兌現象，故為了保護自己，這些銀行被迫停止付款並暫停發出買賣契約書給商人們。信用變得更難獲得，且英格蘭銀行開始變得與其他私人機構一樣，提高了其折現率，並且限縮了銀行券的發行，以避免過多損失，但這

也讓信用緊縮所帶來的經濟不景氣更加惡化。

　　這項危機持續的延燒下去，直到政府最後同意發行五百萬英鎊、帶有利息的國庫券，以作為替代性紙幣，並保證在人們需要時隨即付款；而商人們必須提供自己的貨品作為抵押，才能得到國庫券。因為大家又開始相信可重新獲得信用，這才結束了不信任感與經濟緊縮的惡性循環。經濟活動重新復甦，而重新恢復的信心代表政府並不需要支付所有的五百萬英鎊：雖然民眾起初要求的信用，大約佔了全部金額的 75%，但政府最後支付的款項，卻比這個數字還低。到最後，政府還在上面賺了一點小錢，且只有兩個借款人真正破產。在沒有央行擔任最後放款人的時代裡，顯然，為了整體納稅大眾著想，挽回商業的信心就落在國家政府身上，而這麼做的確也創造了雙贏的局面。

　　當英格蘭銀行繼續往穩定銀行制度的角色邁進之際，它在成立的第一百年裡，其扮演政府籌資者的角色及重要性，是日益吃重。法國大革命戰爭在 1792 年開始，之後不久接著還有拿破崙戰爭，這項戰事一直持續至 1815 年才結束。迅速激增的花費讓當時的首相威廉・彼特（William Pitt）過度依賴英格蘭銀行的金援，結果銀行券流通大增，無可避免的使得銀行儲備的水位降低。為了保存其儲備量，英格蘭銀行在 1796 年開始限制商業市場上的銀行券發行。

　　然而，沒過多久，就在 1797 年年初，法國即將入侵又引爆了大眾的恐慌。民眾以及地方銀行一起相互爭奪提領硬幣。英格蘭

銀行的儲備因此進一步降低，到了 1797 年二月，儲備水位大量減少，已經到了快破產的臨界點——大眾超額提領硬幣使得銀行儲備水位降低，意味著銀行即將無法滿足客戶的需求。以限制銀行券發行的方式來保存儲備量，已不能解決問題：因為它已經這麼做，但只造成了反效果，反而加強了大眾的恐慌感。由於紙幣缺乏，只會增加大眾對硬幣的需求，因為大家已經察覺到兌換的限制，開始想方設法提領更多的硬幣出來。民眾的恐慌只會讓銀行的選擇更少。在與國王及議會商議後，英格蘭銀行終止了黃金的兌換；這件引人爭議的事件，引起大家對紙幣合法性的論述，最後在 1844 年，全面實施金本位制（Gold Standard）。

1797 年至 1821 年這段期間裡，英國開始正式出現了紙幣，且紙幣毋須提供等值金屬貨幣做為保證，再也不受實體的拘束。然而，首相彼特看到法國大革命時發行的紙幣帶來了超級通膨，憂心此現象也會在英國上演，他小心謹慎並降低對英格蘭銀行的金援需求，同時開始實施所得稅徵收以增加收入。因此，儘管英國在 1797 年至 1809 年這段期間的紙幣不能與黃金兌換，但物價與貨幣供給仍然穩定。然而，後來情況又開始失控，主要因為大眾開始沉迷於南美洲投資。英格蘭銀行與其他小型銀行一樣，因過度發行紙幣而推波助瀾了這股投機熱，其發行的紙幣量幾乎是 1793 年來的兩倍。

大家一直憂心紙幣若不能與黃金兌換，將因缺少這項制衡，市場會出現通貨膨脹現象；而沒過多久，這項擔憂立刻被證實了。

消費者物價[3]在 1809 與 1810 年大幅上揚，總共增加了 12.5%。物價驟升伴隨直直落的匯率，引發了政府的質疑——1810 年的「金銀貨幣委員會」（Bullion Committee）質疑這都是過度發行紙幣所帶來的問題。該委員會的結論說服了大家：背後未具等值硬幣與金條所約束之貨幣，很容易因發行者基於私利、任憑其過度發行而受到影響，因此，並不具有合法性。而 1812 年至 1813 年物價又再度攀升了 16%，這現象更使得這個觀點為人所接受。

因為合法性受到質疑，紙幣在 1815 年拿破崙戰爭一結束後，再也無以為繼。1821 年，政府再次建立起紙幣與黃金的兌換制度，結果紙幣在經濟體裡的流通量瞬間縮減。1818 至 1822 年之間，物價很快的降低了 32%。不過，與黃金的兌換增進了人們的信心，而經濟情況從那時以後，也開始迅速往上回升。加上兌換黃金並不一定能在短期內，就可阻止紙鈔過度發行，因此在通膨盛行時期，英格蘭銀行與小型銀行對外都大量放款。物價在接下來的三年（直到 1825 年）漲了 36%，但後來隨之而來的，卻是另一個發生在小型銀行之間的金融危機，並引發了另一波的通貨緊縮。

紙幣購買力的大幅波動，讓英格蘭銀行控管紙幣的寬鬆與緊縮時，出現愈來愈多的先見及想法，主要是為了保持由黃金庫存而決定的長期物價之穩定。在此意圖之下，英格蘭銀行擁有紙

---

3. 英國國家統計局，消費者產品與勞務物價長期指標：統計年份自 1800 年至 2015 年，1974 年一月為基期 100。

幣發行量的自由裁量權，可彈性規範經濟體裡流通的紙幣量。再者，體質疲弱的地方銀行之問題已獲得處理。1826 年政府通過一項法案，開始允許大型股份公司成立銀行：民眾向銀行借貸的情況，開始從疲弱的地方銀行轉向大型銀行，到後來慢慢只鎖定向幾間大型股份銀行借款。

然而，1830 年代，整體發展的情況並不好，尤其是整體經濟穩定表現上。雖然允許大型股份銀行得以獨立發行紙鈔，能夠幫助解決疲弱地方銀行的問題，但英格蘭銀行在割讓出這項權利之後，很快的又帶來另一個問題——股份銀行發行過多的紙幣，破壞了英格蘭銀行原來在紙幣發行上的謹慎小心；因此在 1835 至 1839 年間，物價就漲了 25%。而且，向大型股份銀行以低利信用借款一直增加，沒多久全一窩蜂的投資在火紅的火車投機熱潮中，而這正為另一波的通貨緊縮鋪路。

英格蘭銀行與大型股份銀行發行過多紙鈔所帶來的經濟波動，引發了兩大學派對貨幣角色的論戰。有一派認為，貨幣擁有儲存價值，這一點比它具備兌換媒介之功能還要來的重要。另一派則是推崇其扮演兌換媒介的角色，有助於商業活動的進行。從貨幣原則來看，誠如前一派所言，紙幣本身並沒有其內在價值，其唯一好處是與硬幣相較之下，更具有效率及便利性。它僅僅是黃金一對一的替代品，因此若以購買力減損為代價，並不會帶來任何好處。正因如此，紙幣的總量必須要有所規範，並與其對應

之金屬貨幣總量相符，才能制衡。這意味著應該要限制英格蘭銀行在紙鈔發行量上的自由裁量權，而且應同時考量黃金存量，以防止紙幣的超額發行——起初是小型銀行，後來是大型股份銀行，都一直這麼做。

換另一個角度，另一派認為，從銀行原則來看，銀行不應對貨幣的流通量設限，應該給予銀行自由裁斷發行量的權利。紙幣長久以來可與黃金兌換，而銀行亦依穩健原則經營，讓銀行得以判斷出適當現金儲備量，以因應客戶提領的需求，因此不可能有超額發行的狀況出現，而借貸亦是依照商業與生意上的需要來做判斷。故所有過剩的紙幣，只會回到銀行中。

在「控管 vs. 自由」的論戰中，最後是贊成「控管」的一方獲勝。在來來回回的立法規範中，1844 年，英格蘭銀行終於獲得發行新紙幣的唯一權利，同時，金本位制亦開始正式實施——紙幣發行量必須與貨幣黃金庫存量連結。慢慢的，私人銀行發行的紙幣開始逐漸被淘汰，時間一久，只有英格蘭銀行發行的紙幣，在經濟體裡流通。

為確保英格蘭銀行堅守金本位制，該銀行被分為兩個部門。發行部門（Issue Department）只能發行紙鈔，其發行量至少有一千四百萬英鎊的政府債背書，超過此額度則有硬幣與金條作為擔保。黃金價格與英鎊鎖在一起，英格蘭銀行買賣黃金都必須在英鎊波動的範圍之內。

發行部門握有黃金存量，才能滿足紙鈔兌換上的需求，至於

銀行部門（Banking Department）則像其他銀行機構一樣，掌握資產與債務。依據「銀行存款部分準備制」原則，銀行必須要保留部分以現金為主的資產，多數是紙鈔，以因應客戶的提款需求。然而，它所保留的資產形式與其他銀行並不同，這是因為它的客戶不僅包括了一般民眾及企業行號，還有地方銀行、大型股份銀行以及票據交換單位（Cleaning House）。它是銀行中的銀行。重要的是，這些金融單位在英格蘭銀行的銀行部門裡，擁有的資產不僅只有本身帳戶上的餘額而已──它們也把自己旗下銀行的緊急現金儲備放在這裡，當客戶需要流動現金支應時，再提領出來使用。

　　紙鈔發行量的限制，讓銀行單位在扮演最終放款人時，能力上也嚴格受限。因為它的現金儲量，只能剛好支應其客戶的流動需求。再者，這些存量大多數是由各銀行的存款所組成，因此，萬一突然發生一個令人恐慌的事件，使得整個銀行系統對現金的需求增加，英格蘭銀行的現金儲備很有可能不足夠。對此問題的解決方式，就是擁有的現金儲備水位，比其任一銀行客戶還要高。但是，擁有未使用的資金，對其股東而言都得付出成本，因此大家都不願這麼做，儘管這麼做是有助於其他金融體系的穩定。而隨後發生的危機，暴露了這條金融上的裂紋──在危機時代裡缺乏現金儲備的彈性──而 1844 年通過的法案，更強化了這一問題。最後，每當遇到危機時，政府都必須介入，以暫時終止該法案的方式來保護商業市場運作。

1866 年，一間非常有名望、名叫「歐佛倫葛尼」（Overend, Gurney and Company）的大型折現銀行（discount bank）宣布倒閉，並帶動一連串的金融危機——這段故事情節就像是 2008 年雷曼兄弟宣布倒閉一樣。在五年前，當美國內戰在 1861 年結束後，由於美金暫停與黃金兌換，造成當時黃金大量流入歐洲。黃金流入了英格蘭銀行的金庫後，銀行藉此發行了更多紙幣。結果，貨幣供給的增加以及利率調降，促進了整體市場的經濟活動。然而，其負面的影響是，低利率使得放款更加寬鬆，同時也激勵倫敦貨幣市場的投機行為。

在倫敦貨幣市場裡，大家都習慣只要附上匯票作為抵押，銀行隨即（簡單通知）就可以對折現公司（discount house）及票據經紀商（bill broker）進行放款。附上有擔保的票券即可進行放款，通常必須確保這筆放款的抵押資產（在此指的是匯票）之信用品質，一定要穩健可靠。然而，當市場都這麼進行時，銀行給予較大型折現公司的空間較大，它們不需要提供擔保，就可以獲得借款。當負債（放款）與相對應的資產（抵押）兩者間的關聯性變得寬鬆，代表這筆貸款並不見得會真正用來投入於穩健的投資上。

同時，英國公司法的修訂，使得成立一間「有限責任公司」（limited liability Company, 股東僅以自己的出資額為限對公司債務負責）更為容易。在 1862 年以前，唯有獲得特別許可，才有可能組成這樣的公司。如今，由於大家都看好有限責任公司的未來及其帶來的豐沛利潤，投資人開始瘋狂起來，市場上一下子

突然成立了數百間有限責任公司，但這些公司絕大多數都以失敗收場。因為過度發行，這類公司的股票在市面上很難脫手銷售，因此有限責任公司紛紛發行了「承兌券」（acceptance note），這是一種「未來某日保證支付」的票券，這些公司再拿著「承兌券」到折現公司折現，取得需要的現金。然而，這些「承兌券」並不像匯票，匯票是有銷售貨品作為擔保，並載有明確的銷售日期。至於承兌券只擁有有限責任公司對未來現金收入的承諾，但是某些空泛的推測，對公司的現金收入影響很大。

有經驗的老手把不願做的生意，讓給了較沒經驗的菜鳥，而較沒市場經驗的歐佛倫葛尼折現銀行，因而接受了這些投機公司承兌券折現的需求，把從銀行借來的錢轉流入貨幣市場去資助這些它們。結果，在 1866 年初，有些有限責任公司開始傳出倒閉的消息，且其損失將連帶影響折現公司。結果謠言甚囂塵上，市場甚至出現了歐佛倫葛尼的總資產品質有問題，連同因應客戶現金提領能力也出狀況的傳聞。在人心惶惶下，歐佛倫葛尼折現銀行最後竟出現擠兌的情形。當它要求英格蘭銀行提供金援協助，英格蘭銀行卻以擔保品不足的理由而拒絕。當投資人的熱情開始從過分投機的情緒中退燒，英格蘭銀行拒絕提供協助，並無助於扭轉這樣的經濟氛圍。由於歐佛倫葛尼折現銀行沒有現金支付客戶的提領，最後統計約莫一千九百萬英鎊的債務無法履行。

債務違約在其他銀行間引發嚴重的信心危機，而隨後引發的恐慌也是前所未見。經濟體裡的整個信用結構幾乎破碎殆盡，

因為貨幣市場中，短期放貸給折現公司的資金，都是銀行體系裡的儲備金。所有主要金融機構，都發現自己的償付能力出現狀況，一連串的流出使得組織體質變得非常疲弱。大家對流動現金的需求突然間飆高，當所有銀行開始向英格蘭銀行的銀行部門提領存款，英格蘭銀行也發現自己的現金儲備在一日內，幾乎驟降一半。這不僅影響它身為各銀行最終放款人的角色，也影響它本身身為銀行的生存能力，因為它已快無法滿足客戶的需求。

這個恐慌影響甚鉅，以至於政府必須暫時停止1844年當年通過的法案，給予英格蘭銀行權限，不受紙鈔發行的法令限制，讓它得以滿足客戶的債務問題，同時提供信用給客戶。為了預防通膨的發生，英格蘭銀行提高了利率至10%。整個恐慌情緒因而緩和下來，大家也恢復了信心，因為大家都知道，英格蘭銀行再也沒有現金短缺的問題。不過，就在存款回流至英格蘭銀行之際，銀行機構持續承受著壓力。難以避免的是，破產消息依舊陸續傳出，這使得向其他償付銀行提領擠兌的金額愈來愈高，由於它們無法迅速籌到款項，只好也跟著破產倒閉。這個危機前後耗費了三個月才結束，但平靜的生活卻來得還不夠快，後面還有一個影響貿易與儲蓄的嚴重問題，接力登台上演。

在1866年金融危機之後，《經濟學人》雜誌的編輯白芝浩（Walter Bagehot）曾對英格蘭銀行的重要性寫過評論，他指出

英格蘭銀行已接受自己身為「最終放款人」[4]的角色。在危機發生的時候，由於英格蘭銀行做為其他銀行的儲備金管理者，這項獨一無二的身分，使得提供信用的職務，自然而然的落在它的肩上。在他的文章裡，承認了英格蘭銀行的這個角色，將有助於防止經濟的不確定性與恐慌的情況發生：

> 在恐慌發生的時候，它（英格蘭銀行）一定要早大眾一步，針對儲備問題主動且毫不客氣的採取行動。為達到這個目的，有兩個原則：第一，借貸的款項一定要收取非常高的利息，這筆利息將做為人們過度膽怯恐慌的高額罰款，並可以阻止非常多根本不需要流動現金者的申請。另外，利率必須在恐慌發生的初期就先提高，在危機的初期就可以先收到大家的罰款；任何人因為無謂的擔憂而借款，都必須繳交一筆極高的費用；而英格蘭銀行的儲備水位也可盡快獲得保障。第二，在此利率之下，上述所有都要在銀行安全良好的情況下進行，且擁有良好擔保品者才能繼續借款，。這個目的是保持警覺，如此一來再也沒有任何事會造成恐慌的發生。但是當有人擁有品質優良的擔保品都被拒絕時，就會引起大家的恐慌。

> 在民眾恐慌時，消息將瞬間傳遍整個貨幣市場；沒有人可以準確

---

4. 白芝浩（W. Bagehot），Lombard Street: A Description of the Money Market，（倫敦：Henry S. King, 1873 年），第七章。可經由網站取得，網址是 http://oll.libertyfund.org/titles/128（資料取得日期：2015 年十月十五日）。

指出這消息是由誰傳出，但是，只要半個小時，就會傳遍各個角落，會讓恐慌感更強化…。假如大眾得知，英格蘭銀行開始針對承平時期被認為優質擔保品（普通擔保品以及易於轉換的資產）開始不客氣的採取行動，償付的商人與銀行都會感到不安。不過，如果連品質真的很好且很容易兌換的擔保品被銀行拒絕了，恐慌的情況不會減輕，其他的借款也不會有效，且恐慌的情況將持續惡化。

然而，英格蘭銀行對於「最終放款人」這角色的正式認同，並不願做出回應。倘若它接受了這項認可，這意味英格蘭銀行將承諾以手中持有的超額儲備水位的「未使用資金」來幫助其他銀行，但如此看來，這只是冒著極大風險賺錢罷了。因此它寧願相信，這只是政府為了平息金融危機期間對資金需求的恐慌，而暫時終止 1844 年通過的法案，允許它打破原本紙鈔定額發行量的限制罷了。不過，1890 年霸菱銀行幾近破產的危機事件，證明了即使英格蘭銀行雖未正式承諾，但它自己已深深了解到，若不對金融機構所提出的非流動性資產擔保提供現金幫助，將會帶來反效果。

在 1880 年代後期，阿根廷以舉債方式向歐洲投資人借了一大筆錢。非常具聲望且規模龐大的霸菱商業銀行，不僅協助阿根廷發債，認購持有的阿根廷債部位也非常大。後來，1890 年經歷過政府改組與內亂後，加上國家負債過大，阿根廷的信用評等出現了問題。當買家紛紛拋售阿根廷債券，霸菱銀行的流動

部位也出現問題。為了償還債務，霸菱以非流動性資產為抵押向英格蘭銀行請求貸款協助。當時英格蘭銀行行長威廉·李德道爾（William Lidderdale）已意識到，霸菱若倒閉將帶來嚴重的金融危機。然而，霸菱的債務已超過兩千萬英鎊，而英格蘭銀行的儲備只有一千一百萬英鎊；對英格蘭銀行來說，協助霸菱的風險實在太大，這是件無法獨自完成的任務。李德道爾向財政大臣請求由國家提供協助，可是這項請求遭到拒絕，理由是國會並不會通過對私有金融機構的協助。在後來所發生的任何金融恐慌事件中，暫時中止 1844 年的法案，被認為是比較可行的辦法。

李德道爾針對霸菱問題的解決辦法是，成立一個共同金融組織，並一起擔保霸菱銀行的債務，使其可以從貨幣市場中籌到資金。同時，他也將利率提升到 6% 以吸引市場上的資金，並且向法國銀行及俄羅斯皇家銀行借款，用以提升英格蘭銀行的儲備部位，萬一有任何金融恐慌事件發生時，好做因應。在英格蘭銀行的協助下，霸菱終於免於倒閉危機，最後還償還了所有負債。

在實施金本位制（Gold Standard）的時代裡，產品與勞務的一般價格，長期以來一直非常穩定，只有在一小段時間裡，出現大幅度波動。金本位制的目標是在確保物價長期的穩定，並且在短期過度發行紙幣後，可以限制物價的高低循環幅度──通膨之後經歷一段痛苦的通縮期，慢慢讓物價回復到其長期穩定的水位。金本位這個機制的特色是，利率的變動是依據銀行現金儲備的水位來判斷，而不是由央行自行裁量決定。

例如，假設目前的利率在低檔，那麼向銀行借錢與消費的人一定會增加，在這樣的情況下，物價最後就會慢慢提高，因為市場上有太多的錢在競逐太少的商品。當民眾把錢從銀行帳戶裡提領出來，不僅拿錢去購買費用較高的商品，也可能兌換成黃金，去購買其他外幣來支付較便宜的進口貨物，或乾脆儲蓄起來以獲得較高報酬率；但無論用途為何，英格蘭銀行的儲備水位都會下降。由於銀行的生存就是依賴其現金儲備，因此為維護其合理的儲備水位，英格蘭銀行將會被迫升息。

同樣的道理，提高利率會把錢留住在銀行。這不僅吸引外國資金（追求較高利率報酬），也會限制了商業活動，因為民眾需要較少商品及勞務，因此價格就會隨之而降。當利率較高且國內物價較低時，民眾較不願意握有資金，或者去購買外國貨幣，而是把錢存在銀行賺取較高的利率報酬——這有利於英格蘭銀行儲備的增加。一旦儲備水位變得更高，利率又會開始反向調整。

英格蘭銀行與政府都知道，利用銀行利率變動來調整儲備水位的機制，在實體經濟裡需要改變：當利率需要調升時，會導致經濟收縮，接著就會出現失業的情形。但是，不斷重複且相對較小的經濟循環，不僅被視為是長期物價持穩，也是控制上下波動後所帶來的整體經濟穩定所要付出的代價。

在十九世紀後半，愈來愈多世界主要強權都採用了金本位制度。如此亦建立出了一個國際貨幣秩序，因為物價的波動將會在各國之間相互傳遞、發生：例如，A 國升息造成的貨幣緊縮現象，也會反映在 B 國，因為 A 國的進口會降低，同時 B 國也會報復

性的調升利率，以阻止黃金等資金外流到利率較高的國家地區。倫敦商業銀行的出現，扮演國際信用提供者的角色，讓英格蘭銀行比其他國家的央行，在外國貨幣價格上更具有影響力。

───────────────

這些英國商業銀行在外國進口商與出口商之間，扮演金融中介的角色。雖然他們之間的貨物買賣都直接交易，但為了付款方便，出口商／賣方寫了一張票據給英國商業銀行，指定銀行從進口商／買方端直接收取付款。商業銀行也接受進口商的委任，接受其開立的票據，並先從銀行的資金裡直接撥款付給出口商。商業銀行接受了雙方的票據，就會實際給予進口商信用，並在到期日接近時向雙方收款。如果英格蘭銀行把利率調高，將會會讓外國廠商的信用成本增高，這會對外國經濟的商業活動與需求造成壓力，進一步壓抑其價格。

英格蘭銀行肩負執掌國際金本位制度的責任，必須要很敏捷熟練；雖然與現今所需要的精巧熟練，並不太一樣。其任務就是堅守這個機制，而非像當今央行般，必須要面對各種經濟變數。在十九世紀後半，直到 1914 年第一次世界大戰爆發，物價一直很平穩，雖然在某些短暫時間裡曾出現過波動。舉例來看，英國的消費者產品與勞務物價指數[5]在 1875 與 1914 這兩年都是 9.8，與 1821 年的 10.3 相差不大。同時，英國的實質收入在十九世

5. 英國國家統計局，消費者產品與勞務物價長期指標：統計年份自 1800 年至 2015 年，1974 年一月為基期 100。舉例來看，同一個指標在 1997 年結束時是 621.3，而在 2014 年底時是 1010。

成長四倍[6]──這證明長期的穩定物價有利於顯著的經濟成長。

　　第一次世界大戰徹底改變了上個世紀以來的經濟制度與面貌。負責在國際間短期提供信用的倫敦商業銀行，若交易者彼此再也無法依約付款，這將對銀行造成很大的傷害──萬一一受到影響，銀行很快就會陷入危機。當奧匈帝國與塞爾維亞於1914 年七月二十八日宣戰後，由於國外客戶因彼此間的敵意，導致商業承諾無法兌現，這讓英國的商業銀行面臨龐大違約跳票的威脅。由於信用結構在金融體系裡是相互連動的，故大型股份銀行也面臨跟著商業銀行倒閉的風險。而這股恐慌造成了英鎊的擠兌，因為各界都爭相提領英鎊，並將其兌換成黃金，趕著在開戰交通閉鎖之前把黃金運送出去。如同之前的金融危機一樣，1914 年八月英國通過《貨幣與銀行紙鈔法案》（Currency and Banking Note Act），主要賦與英格蘭銀行權力，讓它不受原本的法令限制，去印製鈔票以因應恐慌所造成的現金流動需求。英格蘭銀行訂定出一個懲罰性的折現利率10%，這是過去防止通膨的習慣作法。

　　然而，這個危機是前所未見。10% 的折現利率被認為過高，因此很快的降回到了 5%。再者，英格蘭銀行努力印製鈔票也不夠，因為各銀行對現金的需求，已遠遠超過了銀行帳上核可的折

---

6. 「根據約書亞‧史坦普爵士 (Sir Josiah Stamp) 的計算，大不列顛在戰爭前幾年的實質收入，是拿破崙時期的四倍。」，出自於利奧尼歐‧羅賓斯 (L. Robbins,)《大蕭條》一書（自由港，紐約：Books for Libraries Press，1971 年，1934 年初版），第二夜。資料可從網址 https://mises.org/library/great-depression-0 取得。（資料取得日期：2015 年十月十五日）

現票券。同時，紙鈔也不太能迎合一般民眾對金幣的需求，因為紙鈔的面額通常比較大。政府因此通過法案，授權財政部（而非英格蘭銀行）發行一鎊與十先令面額的紙鈔法定貨幣——銀行被允許可直接向財政部而非英格蘭銀行借款，最高以其五分之一的「存款負債」（deposit liability）為上限。銀行以前接受的匯票後來由政府作為背書；只要拿著這些匯票給英格蘭銀行申請金援，英格蘭銀行就會撥款。當英格蘭銀行印製的鈔票直接借給政府作為戰爭的花費支出，資金的閘門就此被開啟。所有過剩的現金湧入了市場，借貸的成本瞬間降低。

如大家所料，市場上過剩的資金加上低利率，一下子造成了通貨膨脹：英國的消費者物價[7]在戰爭期間增加一倍，直到戰爭結束，物價依舊持續攀升。1919 年，物價又另外增加了 10%，隔年 1920 年又另外增加了 15%。英格蘭銀行最後必須調升利率來控制通膨的上升。但是，升息雖然控制了通膨，但整體經濟狀況依然不穩定：失業率來到了 15%，可是在 1923 年，物價已經減少了 26%。

貨幣金援政府的支出，等於實際終止了金本位制度，雖然英國正式宣布終止這項制度，是在 1919 年四月一次世界大戰之後。事實上，戰爭爆發結束了貨幣秩序，也就是終止了維持近半世紀各國依賴金本位制的紙幣購買力。不過，美國仍奉行金本位制度；

---

7. 英國國家統計局，消費者產品與勞務物價長期指標：統計年份自 1800 年至 2015 年，1974 年一月為基期 100。

美國聯準會（Federal Reserve）是在 1914 年才成立，但此時的環境背景已與這套制度當初設計時明顯不同。聯準會提供銀行現金流動性的彈性貨幣政策，原只是穩定金融的一種短期方法；長期而言，立法者仍認為，要利用金本位制來約束貨幣的庫存，才能確保價格的穩定。國際間實施的金本位機制，原本可以自動調節資金的儲備量，但這個紀律規範，很快就被人為的判斷與裁量所取代。

在美國，戰爭爆發後馬上帶來的影響是，戰爭時需要的花費帶動了通膨急速發展。1917 年四月美國即將加入戰爭之時，政府發行了公債，同時也印製鈔票作為戰時的經費。聯準會就像是美國的財務代理人，一方面作為銷售債券的窗口，一方面則被授權印製更多彈性貨幣，直接借給政府使用。就像英國一樣，聯準會如此一來也造成了通貨膨脹，躉售物價[8]在戰時增加了一倍。通膨一爆發後，即使已戰爭結束，依舊沒有減弱的跡象：從 1919 年五月開始起算的十二個月裡，物價另外增加了 23%。

然而，聯準會一開始並不願意調升利息，它想讓政府發行更多低成本的債務。它同時也擔心，這會對商銀手中握有的政府債價格，會造成衝擊；因為客戶以政府債作為抵押，向商銀借貸了一大筆錢。聯準會反倒希望銀行能自我約束，並開始對貸放金額有所限制。但是到了最後，在 1919 年年終利率終於開始調升，

---

8. 米爾頓·傅利曼（Milton Friedman）與安娜·史瓦茨，《美國的貨幣歷史，1867-1960 年》，（普林斯頓，紐澤西：Princeton University Press, 1933）第 206 頁，表格 10。

而且在 1920 年年初很快的又調升一次。這些升息措施在 1920 至 1921 年一年內馬上造成了資金緊縮，短短一年之內，躉售物價就下跌了超過五成。美國經濟學家米爾頓·傅利曼（Milton Friedman）與安娜·史瓦茨（Anna Schwartz）曾這麼描述早期的聯準會：「遺憾的是，在央行踩剎車之前，它通常習慣等待太久的時間；但是當它踩了剎車後，又踩得太過用力。之後，當它快速停止緊縮政策，尚未看到貨幣擴張的效果時，它又再次採取了貨幣緊縮政策。」[9]雖然後來聯準會很快的找到比較明確的立場，但人為判斷仍得冒著嚴重判斷錯誤所帶來的風險。

在國際化的金本位制之下，任一國家央行的儲備水位改變，都會同時影響其他國家的折現率政策，並據此來控制貨幣的供給。然而，當金本位制度不再有效，且當戰爭這一特殊時空背景結束了後，聯準會自然會開始思考，何者才是訂定國家的折現政策、判斷貨幣供給量的基礎。對英格蘭銀行來說，其判斷引領的指標，一直都是紙鈔的保值。英國一直很重視購買力的維持，並把它當作是整體經濟穩定的象徵，即使這個機制已使得銀行的儲備水位，才是判斷利率未來走勢的標準。這個機制本身並不是目標；但只要它在其位、發揮其效用，其他的目標就可以達成。這僅僅是取代央行自行判斷升降息的一項規則，防止價格大幅波動以及錯誤判斷所造成的繁榮與蕭條。

至於聯準會，倒是一直往一個目標前進，此目標與它當初成立時的形勢環境緊密呼應——防止金融恐慌而造成整體信用的

---

9. 同注 8，第 239 頁。

瓦解。為了回應其銀行的原則，聯準會不斷的提供信用，以利經濟活動的進行。它並不認為價格穩定該是央行關注的焦點，在它1923年年報中關於信用政策的指導方針上，曾這麼的寫道：「價格波動來自於各種原因，其中多數原因，都在信用系統的影響範圍之外。」[10]

因此，折現率的「檢視與判斷」，慢慢從決定貨幣供給，最後演變成迎合商業與貿易的需求；而聯邦準備理事會[11]主要會針對各類經濟現況及銀行、信用發展的趨勢來進行評估。只要創造出來的信用，被規定使用在有產能的利用上，例如只能在農業服務、產業或貿易中使用，而不能從事投機或投資之上，就可以確保其特定功能。為了避免信用被用來從事投機行為，聯準會系統下的銀行，必須熟悉借貸政策以及商業銀行的授信與放貸對象，並據此對商銀加以監督。聯準會也明白，在每一個有生產力的領域產業中，信用的數量要依照整個國家相對增加的總體生產力來做調整。[12]聯準會的初衷是想要確保金融的穩定性，這個依舊相對年輕的組織，慢慢成為為了經濟成長而提供適當信用的機構，且看起來也會保持警覺並提出警告，以防止投機的行為出現。

10.1923年聯邦準備理事會年報，第31頁。年報可從下列網址取得 https://fraser.stlouisfed.org/title/117
11. 聯邦準備系統共包含七位理事會理事以及位於主要美國城市共十二間儲備銀行。在早期的時候，理事會理事與銀行之間存在著權力角力，但是到了1930年代後期，制定政策的權力集中在理事會，而銀行則成為該體系操作與執行的助手。
12.1923年聯邦準備理事會年報，第33頁。

同時，聯準會系統下的銀行也會利用自己的帳戶，購買政府發行的證券來賺取利息，但聯準會很快的發現，在公開市場中買賣政府債券，等於是向商業銀行存款或提款。因為這會影響到商銀以重新折現（或稱再貼現）來滿足其現金需求，因此，這必須成為貨幣政策的一部分。1922年，「聯邦公開市場投資委員會」（Open Market Investment Committee）於焉誕生，成員還包括聯邦準備銀行代表，主要一起整合央行的貨幣政策與訂定折現率等工作。長期下來，公開市場中的買賣成為規範資金供給的主要工具，透過買賣方式讓聯邦準備銀行得以主動改變商業銀行手中擁有的資金量，更有效控制信用狀況。至於再貼現，其發端是商業銀行有信用上的需求，這最後與財務困境息息相關。

在 1923 年至 1929 年間，美國迎接了長達六年的信用快速成長與經濟擴張時期。在 1925 年的年報中，聯準會因帶動經濟擴張而獲得好評，主要因為它主動調整其貨幣政策，避免了在國際金本位制度之下，由儲備水位所帶動的經濟盛衰消長：「在缺乏彈性貨幣的準備或足夠的黃金儲備下，1925 年的時候，由於市場對貨幣與黃金的需求，使得銀行必須減少對借款人的放款。」[13]。然而，從後來的事件發展證明了，政策的自行判斷與裁量，將會因為始料未及的惡果以及不對的時機，很快就為一種磨難。

13.1925 年聯邦準備理事會年報，第 1 頁。

在大西洋的另一端，英國戰後幾年的價格波動，帶動大家對金本位制度實施時期經濟穩定的懷念與渴望。因此，英國在1925 年開始恢復金本位制度，雖然黃金價格定價過高（價格過高的現象在之後會更為明顯）。被高估的英鎊代表購買外國的產品是比較划算的，因此市場對英國國內產品的需求因而下降，這造成了黃金外流的現象。此時的經濟同時也開始緊縮，且失業率攀升。

1927 年下半年，英國的失業率攀升到兩位數，國內經濟陷入蕭條中。由於無法以寬鬆的利率保住其黃金儲備量，英格蘭銀行只好尋求美國聯準會的協助，希望美國能夠降低利率，使英國的黃金不再外流到美國，隨後，英國亦要求英格蘭銀行採取同樣的作法。美國經濟在歷經突然的擴張之後，成長開始逐漸緩慢下來，因此聯準會毫不遲疑的答應英格蘭銀行的要求而降低折現率，並且在公開市場上大量購買政府債券；在 1931 年時，某聯準會理事承認，當年的收購實在是過量了：

> 1927 年…你會發現下半年的收購（聯準會購買政府債券）增加了。由於大家都贊成央行大量收購行為，這成為聯邦準備系統有史以來，最重要且最大膽的一次行動，且根據我的看法，這項行動是過去七十五年來，在聯準會或銀行系統同意之下，成本最高的一次錯誤。[14]

---

14. 利奧尼歐·羅賓斯（L. Robbins,）在其著作《大蕭條》第 53 頁裡引用聯邦準備理事會會員 A.C. Miller 所說的話。

短時間裡，低利率阻止了經濟下滑的問題，並幫助英國重回其榮景。但這同時也進一步開啟了信用的擴張，投機性放款招來注定不幸的股市牛市——經濟的繁榮並未反映在消費物價，事情發展到最後，以前所未見的經濟蕭條坐收。

但好的一方面是，1928 年初，聯準會發現商業銀行的抵押借款水位快速增加，讓它開始有所警覺，因此開始採取緊縮貨幣政策。在當年年中，折現率從 3.5% 調升至 5%，它同時也在公開市場中銷售政府債券。雖然這些舉措成功控制信用的成長數個月，但仍終究無法阻止信用繼續攀升。1929 年上半年，借錢購買股票的情況，持續推升猖獗的股市投機熱潮，儲備系統下的銀行與聯邦準備理事會開始思考該如何因應。紐約的聯邦準備銀行希望可以採取決定性行動，例如調升折現率以及調整公開市場，然而，理事會卻擔心較高的利率，會對正當商業行為造成影響，並希望投資人的智慧能戰勝一切，可避開股市上的投機行為。

當雙方論戰僵持不下的同時，股市在 1929 年六月至八月間上漲了 25%，這進一步推升票券抵押貸款的需求，此時此刻，多數的放貸是由非銀行借款人（包括投信與貿易公司）所提供。在 1929 年八月，紐約的聯邦準備銀行再度提高折現率從 5% 至 6%。從初夏開始，當經濟由巔峰開始慢慢放緩，沸騰不已的股市已準備進行全面性修正。

針對華爾街股災的事後檢討，大家都把重點放在不理性的投資人，以及缺乏明確的升息以抑制投機行為上；而這主要是因

為紐約的聯邦準備銀行行員，與聯邦準備理事會會員的個性不同調所致。諸多證據都曾證明低利率是推升資產價格的主因，也會無可避免的帶動投機熱潮，但是，央行卻很少承認這一點。事實上，八十五年過去了，央行依舊不太承認利率與房產、股市及信用市場狂熱（熱度遠超過實體經濟）彼此間的因果關係。

傅利曼與史瓦茨指出，聯準會在 1920 年代中期，為確保金融與經濟穩定所做的判斷，是其效率「高潮」的階段。但是英國經濟學家利奧尼歐・羅賓斯（Lionel Robbins）在他的著作《大蕭條》（The Great Depression）中，卻提出一個更精確，或可說是直指聯準會錯誤的定論：「這是兩央行間深思熟慮的合作行動，聯準會當局刻意的『通貨再膨脹』，造成了最糟糕的駭人波動。」[15] 試圖消彌經濟活動的高低波動，帶來了令人驚豔的經濟擴張，但同時間裡，也為了震盪幅度同樣大的經濟緊縮而預作暖身：「這並不是一個舊的慣例，而是一個為美國巨大災難負起責任的新理論。」[16] 不過，令央行官員們在未來數年所苦惱的，並非他們過去的作為，而是他們不曾做過的事。

在 1929 年年初，美國不斷升息加上法國銀行聚積黃金，開始影響英格蘭銀行的儲備。為阻止英國投資人參與華爾街股市的投機炒作，抑制這波股市熱潮，英格蘭銀行因而升息至 5.5%。

---

15. 利奧尼歐・羅賓斯（L. Robbins,）《大蕭條》，第 54 頁。
16. 同上注。

後來，在 1929 年九月，一間規模很大的英國金融公司倒閉，讓英國投資人對華爾街的投資信心瞬間大減。不久之後，英格蘭銀行為了阻止黃金外流，再一次將利率從 5.5% 調高到 6.5%，這項作法使全球已放緩的經濟活動更加惡化。種種事件累積的壓力，終於在 1929 年十月第四周爆發，華爾街股市在那一周終於崩盤；在當年十一月中，股市已從高點跌了四成。

美國在 1929 至 1933 年間，這段期間就是人們所謂的「經濟大蕭條」，在這幾年裡，名目國內生產毛額[17]掉了45%，消費者物價跌了 25%，每四個中有一個人找不到工作。在 1933 年的年報中，聯準會宣稱從 1930 至 1933 年間，它在「尋找一個自由公開市場的購買政策，此策略首先可協助銀行滿足其異常需求，其次建立一個達到前所未有的超額儲備量。」[18]但是，後續銀行倒閉事件一波接著一波，先從 1930 年秋天開始，1931 年也不斷上演，後來在 1933 年亦再度登場；種種結果與美國聯準會當局的最初期待及斷言，完全背道而馳。

1930 年十月，紐約與費城各有一間銀行暫停營業，引爆了肯塔基州、田納西州、阿肯色州以及北卡羅萊納州的銀行擠兌事件，並導致更多銀行倒閉。當銀行破產持續上演，銀行存戶變得更恐慌，爭先恐後擠兌現金的情況愈演愈烈。股市崩盤使得人人信心不足，經濟活動因而緊縮，銀行的資產也因此縮水。然而，

---

17. 國內生產毛額代表一個國家在一段時間裡，通常是一年或一季，該國勞工及所有物生產的產品及勞務總值。「名目」代表的是以目前物價計算的價值，至於「實質」則是去除價格變動影響後的價值。
18. 1933 年聯邦準備理事會年報，第 20、21 頁。

因恐慌擠兌導致的銀行資產廉價拍賣──包括放款與投資，讓價格更是直線下滑，信用也不斷緊縮。面對價格直直落、企業倒閉或者債務違約，身為最終放款人的央行，本應當站出來提供企業所需要的流動現金。但價格萎縮讓銀行進而承受極大壓力，最終導致金融系統史無前例的大崩盤。在 1929 年十二月至 1933 年二月之間，每五間有超過一間銀行倒閉，總共有五千五百家銀行關門大吉。

　　1931 年，歐洲銀行發生的事件讓全球經濟更雪上加霜。當年五月，奧地利最大間私人銀行「Creditanstalt」倒閉，造成德國銀行的擠兌。接著，英國銀行存在這些銀行裡的資產被凍結，因此英鎊接著發生擠兌現象，而面對黃金不斷外流的英格蘭銀行只好在 1931 年六月，將銀行利率從 2.5% 調高到 4.5%。此時此刻，英國失業率已超過 20%，經濟也不斷衰退，英國對遵從金本位制度的想法也開始動搖（得再次升息才能阻止黃金外流），同時，英鎊擠兌情況也從未減輕過。1931 年九月，政府宣布暫停黃金的兌換，且 6% 的銀行利率也阻止了通膨發生的疑慮；不久之後，1932 年六月，英國的銀行利率開始大幅降低至 2%，且至此以後，除了二次大戰開始時曾上升至 4%，英國一直維持這個利率水準，直到 1951 年十一月。

　　於此同時，美國聯準會面對來自議會的壓力，在 1932 年四月開始大規模購買政府債券，希望可以增加商業銀行的儲備水位，增加它們放款給投資人的意願，進而刺激經濟活動的進行。然而，這項作法只短暫舒緩銀行的壓力；當年年終，另一波銀行

倒閉點燃 1933 年年初的全面性恐慌。面對存款人恐慌性擠兌，許多州銀行宣布整個州全面禁止現金提領，試圖阻止擠兌的情況。同時，這些銀行為維持自己的儲備水位，開始把自己存在其他州往來銀行的資金領回，結果，其他州的銀行，主要是紐約州，資金瞬間縮水。另外，有流言謠傳美元的黃金價值即將貶值，使得黃金與其他貨幣需求增加，這讓紐約銀行與聯邦準備系統的壓力更加沉重。

為了消弭大家的恐慌，1933 年三月四日，紐約州、伊利諾州、麻州、紐澤西州以及賓州州長們宣布，當天全面暫停銀行業務，而聯邦準備系統下的銀行亦加入暫停營業的陣容：「原先應該協助商銀免除提領限制窘境的中央銀行系統，竟也與商業銀行一起，參與這場史上範圍最廣、更全面，以及經濟情況最嚴峻的現金提領限制的陣容。」[19]

聯準會在防止一連串銀行倒閉裡已經癱瘓，而英格蘭銀行亦無感於高利率造成的緊縮影響，這兩個享有聲望的機構，已無法獨立運行。而這些事件，對當今的聯準會與英格蘭銀行，有著長期且持久的影響。在經濟大蕭條的動盪歲月中，它們得到的教訓是，一定要把利率維持在低水位，而不是對自己的無所作為，而感到愧疚抱歉。而荒謬的是，這個想法最終仍讓這些央行不斷複製這類經濟破產事件，而非避免這類事情的發生。

---

19. 米爾頓・傅利曼（Milton Friedman）與安娜・史瓦茨，《美國的貨幣歷史，1867-1960 年》，第 327 頁。

1933 年三月三日當美國新任總統富蘭克林·羅斯福一上任，馬上宣布從三月六日午夜開始至三月九日，全國銀行暫停營業。這些時間裡政府得以全面檢視所有銀行，之後，只有體質健全且可因應客戶需求的銀行，才能開放營業，這才挽回大眾的信心。三月九日當天，國會通過了一項緊急銀行法案（Emergency Banking Act），授權總統採取必要措施，包括暫停黃金支付，以及緊急印製聯邦準備銀行的紙鈔，以因應銀行系統的現金需求。這是羅斯福總統「新政」（New Deal）的起步，目標是要恢復經濟並改革銀行系統。這同時亦代表，聯準會獨立運作的日子，正式畫下句點。

聯準會的角色，是要幫助政府以低廉的利率籌資，協助經濟復甦。既然在公開市場中買賣政府債券，成為其貨幣政策的主流，這個籌資角色自然也就順理成章。在二次大戰爆發時，聯準會開始購買政府債券，以防止價格混亂下跌，同時防止殖利率[20]繼續往上飆高。當美國一宣布加入二次大戰，聯準會公開承諾推出一個債券價格維持計畫，協助政府公債的利率持續維持在低檔，繼續讓國庫以低成本繼續籌得資金。它承諾美國長期政府公債的利率將會維持在 2% 至 2.5% 間，並且無限量購買殖利率 0.375% 的三個月短期國庫券。

---

20. 債券殖利率的走勢與其價格相反。用以下簡單案例來說明，例如，你現在給政府 100 美元，政府保證一年後支付你 150 美元。其殖利率、或是報酬率，或是更簡單的利率，就是 50%。但是，有其他人看到這麼好的交易，一年後居然可以領到 150 美元，因此他準備了 120 美元，希望得到政府「保證付款」的承諾，希望當政府的債權人。但是當他付了 120 美元沒多久，報酬率再也不是 50% 而是降為 25%。因此，債券的價格提高了，但殖利率卻下跌；反之亦然。

經濟大蕭條期間高失業率帶來的創傷，同時面臨即將有成千上萬名戰場士兵返回，美國國會在 1946 年通過《就業法案》，要求政府全力提升全國的就業率、生產力以及購買力。聯準會則持續以債券購買政策來支持這項法案，即使是在戰爭結束後。然而上述的努力，卻造成了通膨大幅上升，使得以貨幣政策來替自己籌資的方法，再也站不住腳；聯準會最後相隔了近二十個年頭，才又贏回自己的運作獨立性。1951 年三月，美國財政部與聯準會達成協定；他們除了承認有持續合作的需求，也同意不再支持政府債券政策，希望可以將「公債貨幣化」[21]的情況降至最低。

在英國，英格蘭銀行花了更長的時間，才重新贏得其運作的獨立性。由於實施金本位制會讓利率維持在高檔，因此自 1925 年恢復金本位制度以後，大眾一直對高利率感到不滿，因此英格蘭銀行（在 1946 年國有化）直到逾五十年以後（1997 年），才從財政部的管控下真正恢復其原來的獨立性。利率的訂定主要著眼於幫助全民就業以及政府以低成本籌資，但仍必須考量通貨膨脹與固定匯率兩個因素。

戰後數年裡的經濟思維出現很大的變化。大家認為通膨再也不是一個可怕的詛咒。相反的，它被看做是大眾普遍就業所要付出的「成本」。大家主要認為，在失業與通膨之間，存在著一種交換關係；較高通膨代表較低失業率。大家認為緩和民眾的

21.1951 年聯邦準備理事會年報，第 4 頁。

經濟痛苦,比維持貨幣的神聖性還來得重要,因此大家允許通膨的存在,只要大家經常關注它,別讓它失控。

以低利率幫助政府財政支出,並確保全民就業,這個想法在美國持續延續到了 1950 及 1960 年代。聯準會一直維持與政府合作的承諾,但一直將每年的消費者物價通膨率,控制在較低的個位數字內。從 1950 年開始至 1970 年,美國實質國內生產毛額的年平均成長率一直保持在 4%,因此大家也接受了「較好的經濟與就業率,必須以通貨膨脹作為代價」的這個想法。

不過,到了七〇年代,通膨與失業率之間的交換關係,因人們長期為高通膨所苦,對此想法已慢慢改變。因為現實狀況與人們原有的認同並不一樣:如今,高通貨膨脹率,同時也伴隨著高失業率。隨著七〇年代發展下來,通貨膨脹愈來愈受到人們所厭惡。貨幣政策的主要焦點也隨之改變:它沒有其他目標,唯有控制通膨以維持經濟成長,如此而已。1979 年,在保羅·伏爾克(Paul Volcker)擔任聯準會主席後,聯準會的年報這麼寫道:「1979 年貨幣政策的主要目標是,在不使經濟衰退的可能增加之下,在國內必須要抑制通貨膨脹,在外則是維持住美元的價值。」[22]在對抗通膨的這場戰役裡,維持高經濟成長率不僅不再是目標第一順位,大家的要求,已降低至「不讓衰退的可能再增加」。到了 1980 年代中期,消費者物價通膨率大幅降低:在 1978 年至 1982 年間,幾乎每年的通膨率平均都在 10% 左右,至於從 1983 年至 1989 年期間,年通膨率平均已降至 4% 以下。伏爾克

22.1979 年聯邦準備理事會年報,第 3 頁。

不僅贏得了這場戰役的勝利，同時也奠定了聯準會運作獨立的功績。

在有效掌控通膨的前提下，1987年，勇敢的聯準會在葛林斯潘擔任主席時，又再次改變其政策焦點：回頭強調經濟成長的重要性，同時亦小心注意價格的穩定性，因為這是影響長期經濟成長的重要因素。同時之間，聯準會亦急於證明自己已從經濟大蕭條期間學得教訓，且現已了解金融穩定的重要。1987年十月，「標準普爾500指數」重跌三成，讓葛林斯潘有證明的機會。聯準會對銀行體系提供充沛的流動性，展現其已準備就緒，預防任何金融不穩定對經濟帶來長久影響。

同時間裡，英國遭受的通膨之苦更是嚴重：在1970年代及1980年代裡，英國零售物價指數[23]每年平均上揚10%；因此一間獨立運作的央行，已準備好將控制通貨膨脹，作為其目標。1992年，財政大臣諾曼　拉蒙特（Norman Lamont）將通膨目標訂定在2%，在1997年五月，其繼任者高登·布朗（Gordon Brown）宣布，政府將授予英格蘭銀行經營的獨立性，可以自行訂定利率。1998年通過的英格蘭銀行法案，讓英格蘭銀行的獨立性正式生效，並賦予其確保價格穩定的任務「在此基礎之下，必須支持女皇政府的經濟決策，包括了成長與就業的各種目標。」[24]

---

23. 零售物價指數類似於消費者物價指數，是在衡量一固定籃子中的產品與勞務，在一段時間裡的成本變化；此指標啟用於1996年。這兩者間的差異在於，所包含的產品與勞務組成內容與涵蓋範圍。
24. 1998英格蘭銀行法案，www.legislation.gov.uk。

失控的通膨所帶來的惡果，使得諸多以往的目標及初衷，再度融合在一起：英格蘭銀行除了解到自己必須支持經濟成長與就業，同時也回到其最初「確保價格穩定」的目標。

於此同時，美國的聯準會則是著重追求經濟最大成長，但必須在價格穩定的前提之下。要同時兼顧經濟成長與價格穩定，其隱性要素（implicit element）就是要確保銀行系統對整個經濟體的信用提供。因此，央行就有責任對銀行業嚴加監督管控，徹底了解其資產基礎，使其有能力迅速且有信心的在「最終放款人」身分中，扮演信用提供者。1873 年《經濟學人》雜誌編輯白芝浩曾生動形容過這個角色，但在經濟大蕭條時期，人們卻痛苦反覆提及這個角色的失責。

因此就這麼發生了。當政府、股東與急迫的銀行恐慌危機之間產生了對價關係，央行慢慢脫去了其凡人外衣，並且在 1990 年代，成為現在擁有三大權力的上帝——**利率控制者、金融業監督者、經濟財富創造者**。歷經一世紀波動所帶來的改變，同時幸運擊退通膨高漲的年代，美國的聯準會在擁有三大目標的引領下，已開始用心的玩起了這場唬人遊戲。而英格蘭銀行在其帶領下，也加入了這場遊戲。然而，歷史一直等待著重新登場的機會，希望這一次，它們不僅從沒有做過的事情上獲得教訓，也可以從它們已經做過的事情中汲取教訓。

第二部

唬人遊戲

這是一種默許購買力下降的心理遊戲；

通膨其實並沒有上升，

而是報酬率下降了。

第 4 章 功夫熊貓效應

在「夢工廠」製作出品的動畫電影《功夫熊貓》中,歷經各種歷險與災難的熊貓「阿波」,出乎眾人意料的被選為神龍大俠,必須肩負起維護村莊和平的任務。身為神龍大俠,可獲得習武之人皆想獲得的卷軸;卷軸裡記載著可以擊退邪惡殘豹所需要的武功秘笈,可練得無窮盡的神祕內力。可是當阿波打開卷軸時,牠發現裡面竟然一片空白,這是一卷無字天書。

因空白卷軸與肩上的重任而感到灰心沮喪的阿波,只好認命的經營養父「鵝爸爸」的麵攤,這個麵攤一直以神秘配方而非常有名。為了讓阿波振奮起來,當個快樂的麵攤老闆,鵝爸爸決定把牠保密一輩子的獨家秘方告訴阿波。

鵝爸爸說,事實上,牠的湯裡根本沒有所謂的獨家秘方,但只要你告訴大家有獨門配方在湯頭裡,且可以讓大家都信以為真,這就夠了。此時阿波想到,這也就是這卷無字卷軸所謂神秘內力的真義,牠明白該怎麼做才能打敗殘豹了。

其實,中央銀行影響經濟的能力,就像是上述鵝爸爸的湯頭——只要大家都相信,它就一直存在著。因此只要央行可以創造

出一個自信的氛圍，讓大家相信它們有打敗經濟衰退的方法，這套唬人的方法，就會產生效果。

例如，假如一年之後，你會收到一筆 110 美元收入；如果缺少借款機制，你必須等一年的時間，才能收到這筆錢並使用它。但是，正因市場中有放款人也有借款人，你可以把這筆未來才會收到的收入，提前拿來使用。假設目前市場中每年的借款成本是 10%，這筆收入目前的「現值」就是 100 美元──「現值」與一個比較容易懂的「利率」概念剛好相反：現在若我們把 100 美元投資於年利率 10% 的帳戶，一年後就可獲得 110 美元。也就是說，一筆一年後是 110 美元的收入，你現在可以用 100 美元的「現值」借到，並在這一年裡慢慢使用；直到一年後真正拿到 110 美元收入時，再用它還掉貸款加上利息（100 美元 +10 美元）。假如一年的借款成本從 10% 降為 5%，那麼這筆未來收入的現值就會從 100 美元增加到 105 美元；你現在除了可以多花費一點未來的收入，同時也可以在借款到期時，如期歸還本金與利息給當初放款給你的人。

假如未來要付你錢的人，並不是那麼良善正直，且情緒有點喜怒無常、難以捉摸，那麼，未來是否能拿到 110 美元，就不是那麼的確定，因此，你的行為也要依此做出改變。舉例而言，如果你認為未來這 110 美元最後只會拿回 55 美元，那麼，這筆錢以 10% 折現率折現之後，現值並不會超過 50 美元。如果借貸成本降為 5%，這筆錢的現值會增為 52 美元[1]。然而，減少的未來

1. 取其整數以方便解釋。

收入，卻支配著你目前的花費。萬一你認為一年後將拿不到半毛錢，那麼再低的借貸成本，對你而言也沒有任何用處。因此，即使目前央行努力的降低借貸成本，你預期未來可拿到多少收入，卻不是央行可控制的關鍵因素，除非它可以說服或脅迫你的付款人有良心一點，並（或）讓你相信可以拿到這筆款項。

同樣的，假設你以一年 90 美元代價租了一間工廠，你必須花 9 美元的利息借入這筆錢（借款利率成本是 10%），然後把這間工廠製造的貨品以 100 美元賣出，才能損益兩平。如果央行降低銀行利息，使得借款成本只剩一半，那麼你的利潤就會增加 4.5 美元，你可以將獲利繼續投資於你的事業裡。然而，萬一你不確定市場上有多少人需要你的產品，且煩惱產品只能以 80 美元賣掉，那麼，就看不到預期的利潤，也沒有錢繼續投資。

如果大家對獲得未來收入的信心愈低，以低利率鼓勵消費與投資的力量，就會更為薄弱。目前對富有的感覺，或者期待可以用多少未來收入進行消費，不僅要看利率，還要視你認為未來會有多少收入而定。央行可以不斷降息，使得利率逼近零，甚至是負利率。不過，若要影響、改變你的行為，你一定要堅信，未來極有可能收到一筆可觀的財富。但一旦你的信心變弱了，央行打敗經濟衰退的能力，也就降低了。

央行對我們實施心理催眠，使其能影響我們對未來收入的判斷，這與實際成本以及信用取得是一樣重要的。央行一定要讓

我們相信，當它們降低利率，經濟狀況馬上就會變得好轉。只要「降低利率」與「集體消費額增加」之間的制約關係愈強，央行真正要耗費的力氣就愈少。

央行對大眾的心理催眠或許是無形的，但也非薄弱到不可信的地步。因為目前的經濟結構有利於央行對大眾發揮影響力，並進行其唬人的把戲。我們相信央行可以影響經濟結果的信心，主要來自於它們利用商業銀行做為借貸管道，控制了貨幣的供給。

基本上，民眾與商業銀行打交道，就等於是與央行打交道。商業銀行[2]被要求手上只能存放一部分現金，以因應客戶的提款需求；還有一部分則由央行訂定，並且存在央行的戶頭裡（或稱庫存現金）。那麼，從央行訂定的最低儲備要求，可判斷出商業銀行可對外放貸的額度[3]。舉例而言，如果客戶在銀行存了一千美元，且儲備的金額要求是 10%，那麼銀行可以貸放的額度就是九百美元。如果央行接受商銀以債券抵押的貸款需求，或者是向商銀購買債券，一定要以現金付款，且這筆錢會存入其儲備帳戶裡。如果商銀擁有非常多現金儲備，且超過了央行的儲備最低標準，商銀就有更多錢可以對外借給需要資金的民眾。當這些花費運用後帶來的收益，被獲利者存進另一間銀行中，就可以有更多資金用來對外放貸。舉例而言，如果央行給一間商銀一百美元

---

2. 英國並未有合法的儲備要求，但是商業銀行在英格蘭銀行裡仍保有其經常帳戶，主要為了因應任何流動性需求的資金借款使用。
3. 也取決於其他流動性與資金要求。

的信用額度，假如商銀可對外放款 90 美元給一間鞋子工廠，這間工廠再把這些錢用來購買原物料。接著，這些錢就會入到原物料賣方往來銀行的帳上；而這些商銀可以再將新存入帳款中的81 美元，對外放貸給需要資金的人，依此類推。銀行的儲備增加並超過最低的儲備要求後，再透過經濟活動就有機會產生金流，因為人們會借錢以及購買產品與勞務。

因此，當中央銀行希望商業銀行可以對外放貸多一點資金，只要對商銀調降短期借貸利率，並且透過向商銀購買政府債券的方式——通常（但不限於）購買到期日很短的三個月國庫券，藉此給予更多的現金信用額度。一旦購買行為提高了這些債券的價格，殖利率就會因而下降；因此儲備要求以外的多餘現金，也會使得這些短期政府債券的利率下降。

當商業銀行以更低成本從央行借了錢，它們也更願意以較低的利率，把錢對外放貸給私有借款人。由於這些短期借貸的利息收入，也算是商銀在央行帳戶上的盈餘，因此當利率降低時，商銀較不喜歡把儲備以外的多餘現金留在央行帳上，而是較願意把多餘的錢，借給風險承受度較高的投資人，去賺取較高的利息收入。因此，每當央行在公開市場上購買債券，並降低短期借款利率時，商銀自然的會對外放貸更多資金，並以更低的利率成本借給私有借款人。

然而，對放款的商銀來說，它們也要願意承擔起以放款追求利潤的風險，因為借款人變得願意背負更多的債務。倘若商銀基於某些理由而不願意承擔風險，最後坐擁過多現金，央行最終

也是可以越過這些商銀，直接印製新鈔並提供給一般民眾使用，就像是站在街頭發送免費報紙給路人一樣。民眾口袋因而擁有更多錢可以使用，甚至不用背負債務。再者，民眾花錢消費的誘因也變大了，因為錢存在銀行的利息收入變得更薄了。

　　基本上，無論哪一種方法，央行總是可以找到把錢倒入經濟體裡的方式。假如，這麼多倒進市場的錢都被民眾充分使用，且產品與勞務的數量依然相同，那麼接下來，我們就會看到人們開始以過多的金錢追逐著物價，我們就會歷經物價上漲的過程。

　　央行影響貨幣供給的能力是毋庸置疑，且其影響力非常龐大。當商銀借貸出去的資金愈龐大，低借款成本的益處以及物價上揚對商業收益率的幫助，效果皆清晰可見。然而，央行看似無窮盡的能力，其關鍵主要在於讓我們相信，印製鈔票與低廉的負債成本，才是通往永遠繁榮的方式。

第 5 章　通貨膨脹的醫療行為

　　由於金本位制度長久以來，一直讓物價保持在穩定狀態（雖然短期內曾經波動過），這也讓紙鈔得以成為一項保值工具，同時成為貨幣交換的一種媒介。二次大戰後，社會與政治環境中一直瀰漫著一種氛圍：大家皆認為，購物能力連續多年疲弱不振，是為了創造工作機會一定要付出的代價。然而，1970 年代失控的通貨膨脹，讓人們再度思考「物價穩定才是長期經濟成長的必要前提」之重要性。

　　但是，儘管金本位制度讓英國的英鎊購買力，與近一世紀以前、也就是 1914 年時的購買力幾乎一模一樣，但是全能的央行，卻開始施起小小的詐騙伎倆。央行的目標，並不是一直完全的保留住其貨幣的價值，而是以某些方法讓物價通膨，無論是態度毫不遮掩的例如英格蘭銀行，或者態度像美國聯準會一樣隱晦[1]的機構。年與年之間的通膨差距其實差距並不大，每年可接受的數字大概是 2%。例如某一年裡，一百美元可以購買一百顆蘋果，

---

1. 2012 年一月，美國聯邦公開市場操作委員會（FOMC）公開宣布，要將通膨率維持在 2% 做為其長期目標；通膨率是衡量個人消費支出一年裡的價格變化指標。在這個時間以前，美國政府以通膨率為目標的承諾，其實是很含蓄的。

但在次年，一百美元只能買到 98 顆蘋果。而且，只要央行訂定的短期利率與通膨率至少一樣，持有一百美元的人把錢存在銀行存滿一整年，那麼他就會多賺到 2 美元的利息。因此實際上，這個人手中擁有的 102 美元，依然可以買到 100 顆蘋果。

毋庸置疑的是，倘若你知道手中的錢每年都會減損 2% 的購買率，你一定會採取必要措施，確保你賺取的報酬率可以彌補這部分的損失。因此，假如你要把錢借給某人，你一定要確保利息收入可以彌補損失的購買力，如果做不到，借錢給他人就有風險。同樣的，如果你是一名員工，你同樣希望自己的薪資，可以每年依照通膨率而有所調整。

令人感到有些意外的是，就連被公認為貨幣經濟學家先驅的克努特·維克賽爾（Knut Wicksell），也指出「如果物價會依照已確定知曉的時程慢慢上揚，那麼，現階段所有生意的經營，肯定會把通膨也考量進去。如此一來，通膨可能帶來的正面影響，反而會減少至最低。」[2]因為負債者不會享受到在貨幣購買力損失之下，一年只要種出 98 顆蘋果就可支付 100 美元債務的好處——因為債權人肯定會要求償還至少 102 美元的債務。同樣的，如果薪資合約裡也考慮到 2% 的通膨率，那麼，雇主即使提高商品與勞務的價格，但因為必須支付員工固定薪資，他也不會享有任何好處。只要當每個人都感受到 2% 的通膨率，人們的感覺就

---

2. 維克賽爾（Knut Wicksell），Geldzins und Guterpreise/Interest and Prices: A Study of the Causes Regulating the Value of Money (Jena: Gustav Fisher, 1898，trans. R.F.Kahn), 第三頁·

不會有任何差異，因為大家都已把通膨因素考慮進去。維克賽爾認為，期待薪水往上調整而非靜止不動的人，就像是刻意把手錶時間往前調快，可確保自己搭上火車的人。「但是，為了達到他們的目標，他們一定要忘記自己已把時間調快，或者很清楚他們的手錶事實上走得比較快；否則，一旦習慣自己還有幾分鐘多餘時間，即使已經把時間調快了些，依舊也會遲到。」[3]

這真令人感到矛盾。因為，假如每個人都知道通膨率將會是2%，大家依此把收費價格提高 2%，如此一來，說好聽一點是無害，但說難聽點，這只是無意義的分散大家的注意力罷了。倘若鎖定一個大家都已經知道的通膨率，例如央行通膨的目標是在2%，並不會對人們造成任何差異，那為何當初不把目標訂在零通膨，大家就不會對此爭辯不休了？

期待調升物價，主要是對經濟通縮的威脅所出現的反應，一旦經濟通縮，就有可能增加負債。如果物價緊縮或一直下跌，一個國家貨幣的購買力同時會增加。所以一年的時間裡，假如價格變動率為 5%（也就是價格一年跌了 5%），100 美元可以買到105 顆蘋果。如此一來，經年累月累積下來，名目債務必然會愈滾愈大，成為貨真價實的債務。因此，有人每年就得種出更多的蘋果（在我們的案例中，一年就要產出 105 顆而非 100 顆），才能夠還清原來 100 美元的貸款。由於價格通縮，長期下來使得

3. 同本章注 2。

債務負擔增加，侵蝕企業的利潤以及民眾失業，接著，失業就會使得民眾的收入與需求更少，再使得物價降得更低，進而增加債務負擔，成為一種惡性循環，讓經濟長期處於不景氣之中。

以沉重的債務負擔來看，面對通膨，還比面對通縮問題好一點，但是即使如此，依舊沒有回答物價究竟該漲到什麼程度，應該要多高的通膨率，才會比零通膨還要好。

真正的理由是，這提供央行一個可自行決斷的工具。在正常的情況下，政府並不希望看到通貨膨脹與自己的貨幣貶值。如果大家心裡都知道目前存在著通膨，所有經濟活動也把這個通膨率考慮其中，那麼就不會有什麼差異，因為存款人與放貸者已慮及此因素，也做出了反應。然而，當央行認為目前必須要「降低購買力」時，那麼唯有經濟體裡存在著高於零的通貨膨脹率，才能達到這個目標。只要把短期借款利率訂得比通貨膨脹率低，創造出負實質收益率，就可以做得到。這個手法非常高明且兼顧心理學層次。

通膨升高並未帶來有效的購買力降低。2% 的通膨率依然如昔，主要是因民眾已經對此習以為常，才使得上述兩者變得毫無關聯性。唯有存款者所要求的彌補變少了，大家才感覺到購買力降低。這是一種默許購買力下降的心理遊戲；通膨其實並沒有上升，而是報酬率下降了。央行的方法，比以前政府慣用的高通膨計謀還要高明。因為通膨其實存在著政治敏感性，這足以讓在位的政府陷入危機。再者，債權人也有坐地起價的風險，因為他

們希望通膨變得更高，當自己的錢長期借貸給他人時，才可以順勢把報酬率調得超級高，成了高利貸。然而，一旦通膨率一直維持在 2%，大家對通膨預期可能也一直維持在相同水準。政府在表面上承諾通膨將控制在 2%，而代表政府的央行也毫不遲疑的表示認同。一般大眾也對這個目標毫無疑義，甚至於當通膨率最後變高了，大眾也認為這應該是暫時性的，因為他們沒有理由懷疑央行為何要改變其原來的目標。但是，以降低報酬率的方式創造出實質購買力降低這個角度來看，這個做法不僅非常有系統，也很有效果。

但，大家自然會問：央行為什麼希望國家的購買力降低呢？因為央行認為，這是治療經濟活動瞬間冷卻的必要方式。由於央行懷疑人們的消費與聘用計畫能否自生長存，因此才以購買力降低作為一種強迫手段，引誘人們克服障礙，努力消費及聘僱員工。購買力降低迫使人們在不願意的時候，也要承擔風險。舉例來看，如果目前的通膨率是 2%，商業銀行提供給計息帳戶的利息以及短期政府公債的報酬是零，那麼實質報酬率就會是負2%；而投資若每年都是負實質報酬率，經年累月下來其影響就會非常大。在通膨率 2% 之下，一筆錢若完全沒有孳息，那麼每三十五年，這筆錢就會只剩下一半。如果某人在五十五歲存到十萬美元，等他六十歲時，這筆錢的購買力只剩下八萬兩千美元；七十二歲準備退休、準備享受一輩子辛苦打拚得來的果實時，卻只剩下六萬五千美元。因此縱使 2% 通膨率聽起來無傷大雅，可是長期下來卻可以產生極大差異，故大家必須要追求更高的報酬，即使可能要面對較高的風險。

存款人的損失就是負債者的收穫。如果實質負報酬使得一筆十萬美元存款，在十年後縮水為八萬兩千元，那麼債務價值也一樣會縮水。如果政府經歷一段時間的負利率，那麼實質債務的縮水，就可以讓它再多借一點錢或多花一點錢，並且讓經濟更快脫離衰退的泥沼。同時之間，也沒有債留子孫的問題，讓後代鬆了一口氣。

　　價格穩定性的定義，已從「穩定的價格水準」，轉變成「終年2%左右的通膨率」，這因此賜予了央行實施「負實質利率」的微妙工具。有效的降低購買力，只不過是短期的一種措施，只是一項治療經濟活動陷入泥沼的及時醫療行為。

第6章 皇冠上的珍寶

　　央行只要把短期借貸款利率設得比通膨率低，這個簡單動作就能驅使存款人以及商業銀行，去追求更高的投資報酬率。

　　起初，其用意是希望人們可以**繼續無風險的把錢借給政府**，而且長期下來，出借資金者投資一筆錢所獲得的較高投報率，亦足以彌補其借款成本。舉例而言，存款人把活儲裡的錢全部提出來，轉而投入一個閉鎖期較長的戶頭，例如六個月或更久。存款人這麼做基本上是借錢給銀行，但因為政府針對某個額度的金額提供擔保，因此只要不超過這筆金額上限，都屬於無風險投資。商銀以及許多經驗老到的投資人，手中都握有大筆現金部位，他們都會購買無風險[1]的較長天期[2]政府公債。由於利率長期維

---

1. 政府被認為是無風險的借款人，因為其償付能力，是由向民眾徵稅的權力作為保證，且在需要的時候，它或者作為其代理人的央行，可以自行印製紙鈔。因此政府債券的擁有人，保證收得到本金與利息。然而，由於高通膨的威脅一直存在，這代表雖然存款人仍可以收得到政府支付的本金與利息，但他們手中的錢的購買力，將顯著的減少，使得它們的投資，以真實面來看並非真的無風險。
2. 政府所發行的公債，依照到期日時間來看分成相當多種，從時間非常短乃至於十年甚至更長時間以上都有。「公債」（Bond）通常是用來指較長天期、十年期以上的長期債券。例如，由美國財政部發行、在十年期後到期的債券，被稱作是中期國庫券（Treasury note），至於長期國庫券（Treasury Bond）則是指到期日在十年以上的債券。至於英國政府發行的債券，通常稱為金邊公債（Gilts），並依到期日之長短分成短期、中期及長期。不過，只要是固定支付收入或配息的所有債務證券，我們都習慣以債券（bond）稱之。本書裡是以口語的說法來使用債券一詞，故為了避免混淆，都會將到期日特別標明出來。

持在低檔，且實質購買力的減少也讓錢愈變愈薄，投資者因此紛紛購買到期日愈來愈長的債券。因為購買長天期債券的投資人愈來愈多，長天期債券的價格因而提高，如此一來為了把錢長期鎖住而額外提供的殖利率，則開始降低。在這個階段裡，央行此時已讓高風險資產的價格大幅向上提升中，產生了更多的未來收入，讓自己在投資到期時能夠支付投資人投入的本金及配息。這項能力宛如皇冠上的珍寶，是財富創造者中最珍貴的能力。

但是不用多久，長天期無風險債券的殖利率，已無法彌補存款人出借資金的機會成本，或是損失的購買力，因此對他們而言，把錢鎖住一段期間可能遇到的風險，已無法正確判斷出來，投資人與商銀最後開始把錢長期借給私有借款人——包括企業或是個人等。當這麼多的資金，爭相出借以追求高報酬率時，高風險一端的借款成本，也變得愈來愈低。

當銀行與投資人競相把錢借給風險較高的借款人時，他們心裡一定暗自假設，這些債務人一定具有長期還款的能力。存款人（泛指手中握有資金且想要投資的所有人，包括商銀以及各類投資人等）一開始是出於想保護自己資金的購買力才會這麼做，他們絕對不想跳入火坑，去面對債務人破產或是違約的問題。一年實際只損失 2%，一定好過於損失一大筆錢。

因此對於急著把錢借給高風險者的存款人來說，他們心裡一定相信，這些債務人不會逃跑消失，或者仍具有還款能力，長期下來可以賺到足夠的錢償還本金與利息。這是存款人一定要

有的信念。而央行精心策畫造成的購買力減損，所帶來的不安全感會讓存款人更願意去相信債務人，並且對於放貸標準更為寬鬆。換句話說，當央行一調降借款利率時，存款人就相信了央行的說法，因此市場上將開始有一連串足夠的經濟活動，甚至使得高風險借款人對於自己肩負的還債義務，也會感到光榮無比。

此外，當存款人把錢借給高風險借款人愈久，他們同時也是鎖住獲利：因為當央行在未來開始升息時，他們的實際獲利將遠低於當初心理所相信的報酬。因此，把錢長期借給高風險借款人，這些存款者心理還要做另一個假設：央行唯有在經濟狀況夠好，甚至於把借錢給這些人的風險將會消失時，才會升息。所以，以低成本出借資金而把獲利鎖住的機會成本，其實很低。

高風險借款人的長期借款利率降低，引爆了資本商品的購買潮，例如房地產、基礎建設及某些永續使用的機器之更新等，這些投資被認為可以帶來「永久」的收入。因為其獲利潛力，這類沒有使用期限的實質資產本來就很昂貴，自然得長時間以信用貸款才能購買。因此信用成本降低，讓買家能夠多準備一點資金，來購買這些器具設備。

就像先前章節裡的案例，當借貸成本從 10% 降到 5%，一年後的 110 美元，其現值就會從 100 美元變成為 105 美元；這會讓人們願意在現在多做一點消費。此外，信用貸款的需求並非只有短短一年而已，而是許多年；因此當信用貸款需要的時間愈久，付的錢愈多，折現用來購買這些商品的價值也愈高，替代了未來

的租金收入（或業主自用房產的應付租金），這都是因為信用成本的降低所致。因此，借貸成本只要減少 1%，這些資產的價格都會大幅勁揚或增加數倍。

下面有個例子，請各位試想。假如有項房產一年的租金獲利為一萬兩千美元，同時之間，該房產所有人也要花兩千美元的維修費用，因此其淨收入為一萬美元。假如這個資產永遠都可以替其所有人賺到這些報酬，而該資產的價值，就可用年收入（扣除維修成本後）除以長期貸款利率[3]。

例如，長期貸款利率是 5%，那麼其價值就是二十萬美元（一萬美元除以 5%）。還有一個更直接的方式，就是去計算這二十萬美元的年投資報酬率。若這筆投資每年都可以獲利一萬美元，那麼此人的報酬率就是 5%（一萬美元除以二十萬美元）。同樣的，若投資二十萬美元每年都要配發一萬美元，那麼要花二十年時間才會配完。這只是年投報率 5% 的一種反向說法，因為 1 除以 20 等於 0.05，或是 5%。

若同一房產的貸款利率降到 4%，此資產的價值就是一萬除以 0.04，也就是二十五萬美元。如同上述，若每年的淨租金收入仍是一萬美元，那麼貸款利率從 5% 降為 4%，就會讓該房產的價值大幅增加 25%。因此，把過去二十幾年房價大幅上揚歸因

---

3. 一個源源不絕的固定收入，其現值之計算方法是一個等比級數的總和，也就是年收入除以長期借款成本。

於是不理性群眾行為的人們所致,真應該好好的再思量斟酌一下。其實,這是央行經過深思熟慮後,採取降低借貸成本措施之後所造成的結果。

同樣的,在現行借貸成本調降之後,企業早先所發行的債券,價格也會不成比例的跟著大幅翻揚;企業債其實也像是一種可永久配發現金的一種資產。然而,企業債固定配息也只有幾年的時間而已,因此即使價格不成比例的飆漲,大家討論的聲音並不多。

我們也可以合理的推斷:長期借貸成本的下滑,也同樣推升了一直配發的股息之現值。因此,股票市場價格也跟著大幅翻升。然而,政府或是高風險借款人的長期借貸成本降低之影響,在企業的股票或是整體股票市場上是如何發揮?

假設你買了一支基金,該基金主要投資市場上所有大型上市公司,每年每股都會配發 1 美元的股利。要了解降低借款利率的影響有多大,請先問問自己,你今日一股該用多少錢購買才好?倘若每年都會配發 1 美元股利是恆久不變,就像投資政府長天期公債一樣每年可獲 5% 孳息,那麼一股配發 1 美元股利,回推其一股的股票價格,就是 1 除以 0.05,等於是 20 美元[4]。

不過,股利的配發並不是一種固定契約,我們最多只能對企

---

4. 這是以房地產的實際案例,來計算一源源不絕的固定收入之現值的算式。更直觀的來看,把它想成是投資報酬率。你花了二十美元更買一間公司的一股票,一年可以配發一美元的股利。因此這筆投資的年報酬率就是 5%(1 除以 20)。

業是否配發、以及配發多少股利做預期而已。正因為無法確定，因此其價值肯定比目前的現值還要低，而回推計算其每股現值的利率，肯定更高。或者換句話說，你用來折現未來收入的折現率，肯定更高。你可能會好奇：究竟該有多高呢？答案是，一個你覺得合理的水位。出借資金的人對於把錢借給企業有多少信心，你可以從市場上的借貸成本判斷出來。然而，這並不能作為判斷的所有依據，因為萬一企業破產，債權人會比股東先獲得還款支付。因此，你的投資報酬率，一定要比這些企業在市場中可以借貸的金額還要高。我們用以下的例子來說明：經過推敲並且考慮了風險因素後，你認為股票的投資報酬，至少要比長天期政府公債殖利率還要多 4%。這就是風險貼水（risk premium），也就是你在額外承受高風險之下，願意追求的額外報酬率。因此，在你的心裡，此時需要的投報率就是 5% 加上 4%，也就是 9%。所以每一股的正確價格應該是 1 除以 0.09，也就是 11 美元左右。

所以，我們可以容易地判別出，如果長天期政府公債殖利率[5]下降，例如 1%，將會發生什麼事。由於這是你把錢借給政府所獲得的報酬，且孳息金額可以非常確定，因此殖利率下降 1%，利潤也會按比例的降低。然而，若是無法確認的股利，假如你仍希望每年配發 1 美元股利不變，並且仍希望獲得額外 4% 報酬來彌補可能不會配息所承受的風險，如此一來，每股

---

5. 在債券上，「yield」這個詞（到期殖利率）可以做為報酬率以及利率。

的價格就會從 11 美元變成 12.5 美元[6]（1 除以 0.08），價格就會上漲 14%；這與殖利率只下降 1% 看來，自然是不成比例，足以讓你眼睛為之一亮，尤其當這個影響發生在房地產價格上。

不過，央行操弄的遊戲，就是要你相信，因為它們降低利率的政策以及帶動了市場上的經濟活動，讓每年配發 1 美元股利的機率變得更高。而且，一旦你信任央行的能力，你就真的上了央行的當，進而把額外的風險貼水調降，例如從 4% 降至 2%。如此一來，同樣 1 美元的股利，現在的價值就會達 17 美元，等於漲幅超過 50%，因此你會迫不及待的拿錢投資[7]。當愈來愈多投資者有同樣的想法，股市當然在意料中再度翻升。因此很明顯的是，當愈多投資人相信降息的效力，以及承受風險時需要的風險貼水減少，央行降低長天期公債殖利率的必要性也降低了。

再者，事實上，每股配發的股利並沒有上限；企業主要將其獲利中的某比例提撥出來作為股利。只要經濟長時間的成長，企業獲利也會增加，配發給股東的紅利也會增加。因此，央行還期望達到一個目標：讓你相信企業不僅一定會配發股利，而且在未來，提撥作為股利的比例一定會愈來愈大。這個效果是一樣的。當你愈來愈相信購買力降低後，為了消費與投資，存款人紛紛出借資金、借款人亦紛紛借入資金，你就更相信經濟會愈發成長，你的股利也會不斷變大。當其他投資人跟你有相同的信念，整個

---

6. 1 除以 0.08 代表無風險殖利率從 5% 降到了 4%，但是風險貼水仍然是 4%。
7. 1 除以 0.06 代表無風險殖利率從 5% 降到了 4%，而風險貼水從 4% 降至 2%。

股市會噴發的更高。

　　投資人通常都會推斷目前的經濟成長率大概達到什麼水準，來評估企業的未來獲利與紅利股會增加多少。當央行試圖降低長天期公債的殖利率（例如十年期政府公債，因為投資人通常習慣關注這個標的），使其遠低於經濟的實際或名目成長率[8]，那麼推升股市的效果通常最為顯著。因為此時，投資人最常使用這個經濟名目成長率來推斷未來的獲利，但卻利用無法真正彌補實際經濟成長與通膨的十年期無風險公債殖利率，來作為未來獲利的折現率。因此，預估股市獲利比較正確的經驗法則是：去試算十年期公債殖利率下降幅度，與經濟成長率之間的比例關係。在此情況下，投資人會被引導去提高作為分子的股利，並減少作為分母的必要報酬率。

　　央行不斷降息，並且利用購買力降低來刺激投資人投資高風險資產，這麼做難道錯了嗎？央行誇口讓你相信，利用這些方法將會成功地創造出更多的經濟活動，難道錯了嗎？央行並沒有錯，因為當你面對恐懼，對經濟潛力產生了不必要的質疑，並因而提高了風險貼水，對未來繼續成長的期待也降低

---

8. 在正常的經濟情況下，當政府公債不受央行的操控下，十年期無風險殖利率應該至少可以彌補通膨侵蝕的損失以及當時的實質經濟成長率（超過通膨）。後者代表借錢給政府的機會成本，因為投資人可能會從經濟體的其他地方獲利。換句話說，十年期無風險殖利率應該至少與當前的真正／名目經濟成長率相同，等於實質成長率加上通膨。

時，這是唯一的暫時解決之道。市場被央行這唬人把戲所騙，並相信未來獲利不僅會更高，甚至對獲利更為確定，這難道也錯了嗎？未必，因為實質負利率可能帶動更高的經濟成長率，實際的形勢變化，可能也證明了投資人對未來獲利強勁的假設，是正確的。

為了使你上鉤，央行基本上使用《聖經》上常見的「事情必照你所信的，成全於你。」(as you believe, so it is done unto you)[9]這種辭令來洗腦。我們相信經濟強勁，且當我們愈來愈確信這一點，我們會把高報酬率，認為是拜投資風險高、不確定性亦高的投資標的所賜。因為這個信念，我們的投資組合裡包含了高風險資產，例如公司債以及股票，且這些標的組合的價值也增加了。所增加的財富，使我們更願意消費。例如，如果你的投資組合裡的股票部位上漲三成，債券也漲了10%，即使你還不可能立即實現獲利，心理卻已深深覺得自己是個富有之人。同時，這也降低了你把現有收入儲蓄起來的必要，讓你現在更有餘裕去消費。因此，你更樂於購買幾雙新鞋，在附近書店購買幾本書，或是與幾個朋友外出吃晚餐。結果，鞋店老闆、書商與餐廳老闆，都因為你的消費而變得更富有。當他們的收入增加，他們也樂於花更多錢；依此類推。

更高的房價，釋放出更大的消費動能。這讓擁有房產權益的投資者，仗著節節高升的房價去借貸更多資金。借來的資金，無論是用在房屋修繕、度假或其他用途上，同樣讓經濟更蓬勃。資

---

9. 馬太福音 8：13, 英王欽定本：「回去吧！事情必照你所信的，成全於你。」

產價格的上漲，不僅讓房屋所有人的財富增加，企業與銀行亦然。企業因為漂亮的資產負債表，可以借到更多資金，銀行也樂於借錢給企業，且銀行本身亦因資產負債表上的資產價值增長，借錢給企業更是輕鬆簡單。

股票與房地產價格通常會反應經濟的成長，但這裡的成長，是低利率帶動資產價格上揚的結果。這場吹牛遊戲，輕鬆的達到目標了。至於是資產價格帶動經濟，還是經濟復甦帶動資產價格，就像雞生蛋、蛋生雞的問題，從來就不容易回答。然而，這個自體實現動能的起始點，就是信念；正因為我們相信，所以它發生了。假如我們不相信經濟變得更強勁，進而能帶動收入的增加，那麼降息對長天期無風險債券需要更高風險貼水的影響，就會被淡化。然而，當我們都深信，未來一定會出現盈餘收入，那麼我們的投資價值就會變得更高。也正因投資價值增加，讓我們變得更富有，可以去借貸更多資金來消費，進而真正創造出我們預期中的經濟成長。

然而，股票與房地產價格，為何不再一直以連番高漲，來回應無風險收益率的降低呢？簡單來說，是因為投資人腦中仍記得近期的不好經驗。即使長天期無風險收益率，已經比經濟成長率還要低，但股票投資人已不再輕易相信央行的話術。至於房地產，資金放款者也不再相信房屋所有人的還款能力，不願再延長信用，或者不願相信任何低利率足以彌補租金的損失。這都是信心問題：對投資人來說，近期不愉快的經驗，讓央行的信任度已打了折扣。也正因如此，低成本資金去推升資產價格的效果，

亦大打折扣。

———————————————

　　要證明投資人「一朝被蛇咬，十年怕草繩」的心態，只要看看 2004 與 2005 這兩年美國標準普爾 500 指數就好。在這兩年裡，美國十年期公債的平均殖利率，大概比美國名目經濟成長率低 2%。而標準普爾 500 指數在 2004 年上漲 9%，隔年上漲 3%。可是美國經濟的年成長率是 6.5%，股票的投資報酬率根本與其相差甚遠。其中一個尚稱合理的解釋是，投資人對 2000 年代初期的股災仍心有餘悸。

　　但是，倘若這全只是投資人的信念問題，那麼，當市場不合理的大漲，甚至於無風險收益也沒有比實際經濟成長及通膨還要低，投資人卻完全沒有惴惴不安之感，這又該做何解釋呢？這絕對有可能發生——投資人可能誤判現實，對風險性投資做出錯誤的樂觀判斷，並輕率地降低風險貼水，即使是在無風險收益率適足的時候。這就是投機泡沫的徵兆。

　　然而，這種情況並不常見。資產市場的報酬遠高於經濟成長，通常被誤認是投機泡沫，但這多半是對央行公開降低無風險收益率的反映罷了。央行持續操弄無風險收益率，使得存款利息愈變愈薄，直到投資人相信未來還有更高的收益，去投資風險更大的標的。目前有一個學術名詞，來形容這個現象——我們稱之為「**貨幣政策的資產價格傳輸機制**」（asset price transmission mechanism of monetary policy）。

第 7 章 守門人

　　經濟其實就像一輛汽車，由勞動力、資本以及科技決定其行駛速度與方向。而這輛汽車主要以必須作為生產與銷售之間橋樑的信用，來做為燃料，並會因人類的情緒而提高轉速。如我們所預期，當一個社會的勞動力、資本與科技，長年下來提升了後，經濟成長的軌跡也會依比例的往上攀升。但信用的變化以及人們的心理因素，會讓成長的軌道像海浪一樣的震盪往上。任何信用問題，或者是影響大眾信心的危機，會讓經濟掉出其原來上升的軌道。

　　同樣的，信用過於氾濫或是大眾過度樂觀，也會讓經濟過熱、發展得過快，離開其原本穩定、慢慢上升的路線。當過度放貸的損失一公布，大眾樂觀的信心消退，無可避免且震幅相當大的下跌修正，通常就會隨之而來——不過偶爾也是有例外。貨幣政策的資產價格傳輸機制之目的，是要以一種精準化、且已內化的檢查與平衡方法，抑制這些波動振幅。如果經濟正在向下修正，央行就會巧妙的讓我們自行展開一場自我認同與實踐之旅：當大眾靠著自己愈快實踐心中一直期待的經濟蓬勃，央行就會撤走盛滿廉價資金的酒碗。這就是中央銀行系統運作藝術之目的。

金融市場的波動——這裡指得是金融資產價格的暴跌（並非往上升又下跌這種倒V走勢），造成了一個特殊問題。財富的大量流失帶來兩個影響：一個是壓抑了大眾的信心，另外是信用擔保的貶值，會讓經濟往上的反彈力道大受影響。此時寬鬆信貸帶來的廉價資金，就會介入發揮解決問題的功能，促使人們投資高風險市場，進而推升資產的價格。然而，央行如何判別知曉，其刻意促成的廉價資金潮所持續帶動的經濟，已超越了這台汽車的能力？

　　由廉價資金潮所帶動的新借貸，進而產生的新增消費，最初會在增加的貨物及勞務生產上看到。只要對貨物與勞務的需求，能夠與之前未利用產能所製造的供給量相符合，那麼價格就會維持不變。等達到一定時間後，當所有的勞工都有工作，此時經濟正在全力產出；換句話說，它的產能正達到最大化。

　　然而，當企業仍預估市場對其商品與勞務的需求持續增加，他們因而繼續擴大產能，必須提高薪水以吸引更多勞工投入生產。薪資迅速的增加，讓這群勞工也能增加他們自己對其它產品或勞務的需求。然而，當經濟產能已在最大化之下，無法再有其他產出時，大家只能停止追逐有限數量的產品與勞務。最後的結果是，消費者物價指數上升（或者通膨上升）的速度增加，超過了原本預期的2%目標水準。就某種意義而言，消費者物價通膨就像是經濟的守門人——它是一個訊號，讓央行知道整個經濟的引擎，已經與資本、勞動力以及科技汽車一樣熱。央行對這情況的反應就是開始提高利率，試圖緩和持續增加的整體需求。

要看清央行怎麼運作，請試想一個類似美國2000年代初期的經濟情況。假設經濟一直非常熱絡，直到有一間市值一千五百億美元的上市公司，傳出嚴重的舞弊案。投資人對所有企業的信心瞬間受到重擊，股市因而重跌了三成。財富損失使得人們必須減少花費支出。企業同樣的以緊縮與節流作為因應——企業受到經濟拖累，以至資產負債表的表現非常難看，讓它難以借到資金與生產。當失業率增加，年房屋租金收入（扣除維修成本後）也下跌，例如跌了10%，若繼續以上一章的案例來看，淨租金收入就只剩下九千美元。

幾乎在同一時間裡，央行立刻以大幅調降短期利率作為回應，使得長天期公債的殖利率降低。我們假設它再降了1%來到3%，長期抵押貸款利率也同樣下降1%，例如從6%降為5%。儘管淨房租收入少了10%，房價實際上卻漲了8%。經濟依然不景氣，但是銀行與創業者已注意到房產的資產價格已上漲8%[1]。

當房價上漲，房產擁有者可以趁機賣高，把賺到的錢消費花掉。另外，他們也可以用房子去做抵押借款，借來的資金可進一步消費或投資使用。而追求利潤的投資者，則是抵押去借錢投資房地產業（抵押的價值已經增加），且在過程中已增加對原物

---

1. 以先前的案例來做解釋：假如一間房子初期的年租金收入是一萬美元，而貸款利率是6%，其房屋價值是166,666美元（10000除以6%）。如果租金少了10%，而貸款利率也少了1%、變成5%，那麼房屋價值就變成180,000美元（9000除以5%）。因此房價就上漲了8%，因為180,000比166,666高了8%。

料與勞工的需求。而新聘僱員工所賺取的薪資收入,則用在其他商品與勞務的支出上:結果,我們會看到整個經濟體裡的所有企業,其需求正在增加當中,因而開始聘僱更多的勞工。

一直到消費者物價通膨(央行選擇用來測量通膨指標)的壓力訊號開始增溫,就沒有再升息的必要。只要這個通膨控制在 2% 左右,這個良性循環就會產生,就業率也會持續提高。同時之間,出借資金者非常樂於接受他人以房子作為抵押來借款。在利潤只有 3% 的政府公債以及以較高的利率放貸資金、賺取較高報酬這兩者間,當房價一直升高的過程裡,人們自然會選擇後者。繼續沿用先前的例子,假設商業銀行再降低了抵押貸款利率至 4%,同時,租金也依照加薪幅度,假設是 5%,而等比例增加。結果,房價也因而再度大漲 31%[2]。

在整個經濟體裡,處處可見到價格上揚、欣欣向榮的景象。企業因為降低的借貸成本以及市場對商品或勞務需求變得更大,獲利因而增加。股價再次開始上漲。而人們也因為更高的房價、股票與債券部位價值變高,淨收入大增,因此對經濟更有信心,更勇於消費與支出。房地產市場,或者更廣泛的說,應該是投資所需要長期信用的資本資產,帶動了整個經濟的良性循環。

當企業聘雇更多勞工,經濟開始發揮所有潛力,一段時間後,

2. 年租金收入 9000 美元上漲了 5%,就成為 9450 美元,若房貸利率再降至 4%,那麼該房屋價值就變成 236,250 美元,比 180,000 高了 31%。

薪資與租金收入就會增加，好比再增加了 20%。累計下來，名目薪資與房價分別增加了 26% 與 51%[3]。此時央行開始再次升息，因此長期政府公債殖利率又回升至 4%。不過，抵押貸款利率只回升至 4.5%，因為需要補償借貸資金所承受風險的風險貼水並不需太高。當失業率下降，整個經濟產能達到最大化，消費者物價通膨開始觸及 2% 的上限，甚至已些微超過。

　　對這樣的結果感到滿意且持續觀察經濟守望指標——通膨訊號——的央行，則繼續利用升息的方式，讓經濟正常化。

---

3. 在我們的案例中，房租進一步漲了 20%，年租金收入變成了 11,340 美元。而貸款利率小漲來到 4.5%，因此此時房價變成了 252,000 美元，漲幅是原來 166,666 美元的 51%。

第8章　金融市場：政策樂園還是賭場？

　　大家經常將金融市場喻為由納稅人組成的賭場，這個賭場由銀行操控，而玩家多半是以男性為主的交易員以及想要迅速獲利致富的投資人。然而，這間賭場是誰經營的？如果說是央行，可能並不為過，但為何大家都有這個普遍印象，是因為央行把金融市場變成了一個大賭窟。雖然交易員與投資人均顯露出其賭性，但事實的真相是，他們之所以參與這場由央行精心策畫的賭局，主要動機是為了防止自己的財務損失。

　　金融市場基本上是由辛苦工作的人們，為了不確定的未來所累積下來的資金，去購買資產的市集。所謂的存款人包括了一般個人以及擁有大筆資金部位的機構法人，例如商業銀行及保險公司，大家自然都想增加自己的財富——可能是為了未來做準備，因此希望至少獲利可以維持其購買力，或者希望報酬可以高於原來的資本成本——因此透過放款的方式，把錢借給目前需要資金的人們。因此，他們到市場上放款（或者是去購買需要資金者所發行的債券），把錢借給需要資金創業，或是想採購但現有收入卻無法負擔的人們。他們也可以選擇參與現有企業的經營（購買股票），分享該企業的營收獲利。

在存款人另一邊，則是想要借錢消費的借貸者。他們付出成本借入資本，目的除了希望這筆錢的投資利潤要超過其借貸成本，或可彌補收入與支出之間的不足。最大的借貸者當然就是政府，除了大眾繳的稅金，還需另外借錢作為政府支出的經費。至於其他的借貸者就是企業與個人，這群人的借貸目的，主要希望本月與下個月可以收支相抵，或者是以長期分期付款的方式進行一個比較大額度的採購。

存款人與借貸者這兩大群人來到了市場。此時投資銀行——不同於接受存款的商業銀行，主要扮演這兩大族群之間的協調服務者，提供這兩者達到各自的需求與目的之服務。它們的商業模式是媒合想買資產的存款人以及發行資產的貸款人，並賺取過程中協調雙方的服務費。

然而，選擇權仍在存款人的手上。這是他們的錢，他們才有決定權利：決定手中的錢是否全部用來投資、投資什麼標的以及投資多久，最重要的是，買在什麼價位。但是，即使存款人看似可自由選擇投資標的，事實上，他們是被央行所誘導，有時甚至是被迫做出決擇。

當央行設定銀行利率或是聯邦基金利率——短期貸放給商銀的利率，它引起了整個經濟體裡貨幣價格的連鎖反應。央行主要透過購買與銷售所屬政府所發行的短期政府債券，讓它們所設定的貸放利率發生作用。但是，長期利率是未來一連串短期利率總和的平均，因此，只要每段期間初期的利率出現變化，長期

利率就會被拉低一點，因為平均利率的最初幾段數字已經不一樣了。因此每當央行表示基本利率將要改變，並且舉辦記者會說明其未來意向，整個政府債券市場開始出現波動，影響了債券的價格與殖利率，最長的債券到期日甚至長達三十年之久。而且在記者會中，央行開門見山地試圖影響交易者與投資人對未來短期利率的期待。這麼做可能更加強了對長期債券的價格與殖利率變化的影響。金融市場的價格變化持續發生中，一方面是因為央行正在改變其借貸利率，影響存款人手中握有的債券之價格；另外一方面，存款人也積極想知道這些改變的結果，以避免價格反轉時被套牢。

通常來說，基本利率只要些許改變，就可以促使存款人開始尋找報酬較高的標的，讓長期政府公債殖利率開始下滑；隨後，跟著降低的是高風險承受借款人的借貸成本，這使得高風險資產的價格開始水漲船高。但是，每當市場重挫或者經濟不景氣時，存款人的態度多半不願妥協。他們拒絕接受這麼低的風險貼水——但央行認為這風險將有利於經濟邁向產能極大化。

接著，央行必須竭盡所能去改變市場的心理。當短期利率趨近於零，央行開始大量購買長期政府公債，以降低長期無風險債券的殖利率。其目的是要讓存款人對各種天期的無風險債券殖利率感到失望，逼著存款人開始尋找風險較高的高報酬率投資標的，同時也增加銀行的儲備水位，鼓勵銀行增加對外放貸金

額。當央行大規模採購的資產包含了風險較高的標的（例如房貸及資產擔保債券），代表央行開始不再透過私有存款人，作為降低較高風險借貸利率的媒介，而是利用購買這類資產來增加銀行儲備水位，在此過程中提高這些資產的價格，以降低其殖利率。

同樣的，央行也會對未來幾年的基本利率水準，提出所謂的「前瞻指引」（forward guidance）。而市場參與者將會紛紛猜測央行的未來動作，但為了因應經濟可能好轉以及利率上升的不確定性，也會多預留一些額外的殖利率空間。若央行的前瞻指引明白表示，將維持低利率直到某日，就會消除這項不確定性，進一步讓利率再走低，因為這消除了殖利率風險貼水的必要性。央行發表這樣的前瞻指引，會讓存款人對公債未來的低殖利率感到失望，同時也鼓勵借款人在利率預期持續低檔時，以低成本去借款投資。

對央行自己而言，它們並不希望降低政府的殖利率；但它們降低殖利率是為了要刺激信用（也就是資金的借與貸）的創造。但達到目標的必要條件是，存款人與借款人必須跟著央行起舞，因此必須對經濟抱持著樂觀的心態。因為，釋放出利率將維持一段時間的訊息，要冒著引起反作用的風險：大眾可能會認為經濟一定出了嚴重問題，以至於央行無法立刻讓利率正常化。

因此，央行不再進一步降息，而是開始上演心理戲碼。它開始不斷向大眾表示，利率保證會一直維持在這個水準，直到經濟反轉為止──基本上，就是向大家吹噓其策略肯定會成功。接著，央行開始不再以自行印製的彈性貨幣，去購買長天期政府公債；

而是開始銷售手中握有的短天期債券，以獲得的現金來購買。利用大規模購買政府債券將公債全都貨幣化，若因而造成通貨膨脹，央行就要留意警覺，投資人接下來把錢借給政府，反而可能需要較高的風險貼水補償。因此從「銷售」到「購買」債券，央行的目的是要讓大家覺得，它可以在不造成通膨之下，就讓長期公債的殖利率降低。這些心理遊戲的終極目標，就是擊退來自需要適切風險貼水之存款人的反抗與不信任。如果心裡遊戲不成功，央行就要採取更多的恫嚇：保證大規模採購公債，直到流入的資金已讓高風險借貸者之借貸成本降低，並且刺激資產價格的推升，帶動經濟的成長。

投資人、銀行與交易員的行為反應，是由低利率創造出來的刺激所造成的結果，同時，這也是這些人們對未來經濟的展望。金融市場的雜音與憤怒，會讓一切看起來像是由想要快速獲利、以犧牲他人為代價的自由意志投資人所驅動。

然而，央行近年哄騙這群拒絕妥協、不可知的大眾之行徑，已讓投資人對貨幣政策做出許多更微妙的反應。如果，他們想要在賭場賭一把，他們便被迫參與由央行主導的遊戲，他們深知自己被迫借錢給政府，所得到的獲利根本不夠補貼所承受的風險以及所失去的機會成本。但是，倘若他們愧於參與這場賭局，也只能乖乖跟著央行的唬人遊戲而起舞，相信透過低成本借貸以及通膨所帶來的更多收入，終將讓資產價格維持在高檔。

第 9 章 傑克森霍爾共識

　　1996 年一整年，美國股市的標準普爾 500 指數總共上漲 20%[1]，即使當年十年期公債殖利率幾乎上揚了 1%。由於長期利率被刻意降低已無法滿足及彌補投資人，因此投資大眾被慫恿去追求風險較高的投資標的。投資人基於對經濟樂觀的預期，實際上已降低他們的風險貼水去投資股票，這是很合理的解釋。

　　在一年以前，當股市獲利來到 34% 的高點，聯準會開始擔心股市可能開始泡沫化（股市無基本面的上漲），並可能會崩盤，像 1929 年一樣引發經濟衰退與蕭條。1996 年十二月，當時聯準會主席格林斯潘發表的演說裡，他提出央行該如何判斷股市的熱度，是來自足夠的基本面支撐，還是投資人「非理性繁榮」（irrational exuberance）的結果。雖然當時並不清楚，他此話是否意圖想要緩和市場熱度，但「非理性繁榮」卻馬上成為用來形容股市獲利已不成比例的大幅超出經濟整體成長的常用語。即使低利率對資本資產的影響，是貨幣政策中的核心，但其角色在當時卻不被大眾所承認。

---

1. 在資產市場中，這個價格波動還未完全計入股利部分的調整。

當時美國股市牛氣沖天，但是令央行與學界煩惱的問題是，要推行什麼政策——若想得出任何政策，該以什麼方法來抑制股市，或者更廣泛的說，抑制風險資產價格的飆漲？這些市場，有時候該是央行負責的嗎？1999 年，堪薩斯市聯邦準備銀行在懷俄明州的傑克森霍爾（Jackson Hole）舉辦的全球央行年會中，有兩位學者提出了答案：一位是柏南克（他後來繼任葛林斯潘成為聯準會主席），另一位是馬克·格特勒（Mark Gertler）。他們的研究證明了實務中的實際現況，獲得了多數人的贊同，後來大家稱之為傑克森霍爾共識。

央行行員們之間的共同想法是，資產市場並不在他們的管轄範圍內。根據柏南克與格特勒的解釋，鎖定或引導價格——指當資產價格上升時升息以及價格下跌時降息——會造成諸多實際限制。央行在解讀何者才是市場該有的真實價值時，其實幾乎與大家都一樣，因為他們沒有辦法確定，價格上漲的哪一部分是有基之彈，哪一部分則是因為過度樂觀的預期所造成的結果。再者，他們擔心，每次股市或房地產上漲，大家都想利用升息降溫，這可能會對投資人的想法造成反效果。因為，這很可能不必要的壓抑了市場表現，甚至使其比原本應有的經濟表現還要低迷。聯邦準備理事會擔心最糟糕的狀況就像 1928 年一樣，以高利率壓抑股市反而懲罰了企業，他們指出，試圖刺破泡沫反而會對市場與經濟造成負面效果。

這件事之所以成為大家討論的原因，是因為央行關注的重點就在通貨膨脹，它們一定得對這些市場裡任何可能出現的泡沫警訊做出回應。股市與房地產價格推升雖然讓人們覺得更為富有，也讓人們更樂於消費，可是一旦經濟熱度及產能已經超過其最大極限，最後就會造成通貨膨脹。由於央行承諾必須控制通膨，因此它們必須升息。最後的結果會造成一個情況是：股市及房產價格愈高，利息也跟著愈來愈高。因此無可避免的是，央行最終會出手，抑制資產價格出現任何誇張或離譜的飆漲。

故結論是，央行應該以消費者物價指數，作為股市或房市是否已經過熱的警訊。「只要鎖定由資產價格帶動的通膨與通縮壓力，央行並不需去判斷何者才是基本走勢，就能有效的回應景氣榮枯循環裡的負面問題」，柏南克與格特勒解釋。重要的是，這個方法讓央行不必去做價值判斷，不必去探究股市及房地產市場的上揚，究竟是投機炒作，還是實際經濟成長所帶動[2]。相反的，它們把通膨看作是指導訊號，並將此落實成為一種規則。然而，假如央行傾向忽略現階段的通膨訊號，並根據自己的判斷，去推估未來中期經濟的情形，這就變成由央行自行裁量、定義何為通膨與通縮、及其程度為何的行為。

事實上，自行斟酌裁量會有政策不夠平衡、不夠全面的問題。聯準會與英格蘭銀行兩機構，對於資產價格的下跌都極度敏感，

---

2. 柏 南 克 與 格 特 勒，'Monetary Policy and Asset Price Volatility:Proceedings – Economic Policy Symposium' (Jackson Hole, WY: Federal ReserveBank of Kansas City, 1999).

因為這很可能引發通縮效應，造成經濟的蕭條。1929 年股市大崩盤的陰影，以及後續大家對央行未能對經濟大蕭條提供足夠協助的批評，讓這兩機構後來一直擔心自己對經濟做的努力不夠多。因此它們忠誠的堅守崗位，以廉價資金作為誘因來支撐高風險資產的價格，以回應金融市場中的輕微苦難。

當資產市場一片欣欣向榮時，唯有增加的消費支出與人才召募，皆遠超過經濟最大產能極限的時候，才會被認為是通貨膨脹。這句話是在暗指，資產價格的大漲，一定會帶動消費產品與勞務的整體需求——即使投機泡沫的現象已大幅超越了實體經濟，並因而持續地維持下去。

央行通常認為自己的政策，只是扭轉市場心理的一種反作用力；就這個意義來說，央行唯有在恐慌的投資人被要求承擔風險而增加其額外補償時，才會策動長期無風險債券殖利率的下降。由於資產價格作為經濟成長的渠道，下跌將有可能重演 1929 年股市崩盤的情況。因此，資產價格若脫離其原有的成長軌道，央行應該要引導其回歸正軌。就央行而言，它們並不是要讓資產價格膨脹，它們只是要讓價格通貨再膨脹，回到先前不知何因而脫軌前的水位。而且，其目的是要讓經濟活動回到以前的水準，而不是針對某特定的資產通貨再膨脹——因此重要的是帶動整體經濟活動，以確保消費支出與就業，不會因為資產蕭條而永遠無法再度抬頭回升。

看到投資人在市場重挫後，對投資馬上縮手的事實之後，央行通貨再膨脹的方法，很可能大規模的輪番在各類資產上採行實施，而這方法終會造成狂熱現象。央行將這狂熱的情況，視為投資者信心的證明，這不僅是經濟成長的首要條件，也是其低利率政策成功的一個象徵。

　　它們在玩一場微妙且精心策畫的遊戲，所有必要且內建的相互制衡元素，似乎均已俱備。過一段時日後，有時這一套很輕易就能奏效，直到錯誤不幸發生為止。

第三部

失控的遊戲

「我們要如何知道非理性繁榮已過度推升資產的價值？」

———— 葛林斯班

第 10 章　簡單故事中的暗礁

　　幫助英國維持了一世紀貨幣購買力的金本位制度，在 1930 年代，為了價格穩定，反而把英國經濟推向了險境，讓成長陷入泥沼，動彈不得。而美國物價的大幅崩跌，要負起經濟大蕭條絕大多數的因果責任：它增加企業沉重的債務負擔，令人喘不過氣，最後企業只能被迫破產倒閉。因此毫不令人意外的是，二次大戰後的英國與美國，不再積極維持價格穩定，而是往另外一個方向發展：購買力的微幅損失伴隨著經濟成長；但直到最後，這兩國才發現，低利率加上不受控制的政府支出，才是提升通膨以及提振經濟的方法。

　　1980 年代晚期以及 1990 年代初期的新覺醒時代——無論是開門見山還是暗地裡以通膨為目標，對英國與美國似乎都是最好的一種政策。當時大家關心的焦點是，政府必須盡責任全力實現全民就業的總需求，同時也要讓通膨率維持在低水位。這兩大目標是相互互補的：整體需求創造出通膨，而通膨像是一種巧妙的工具，在需要的時候創造出整體需求。當經濟因為衰退而

受威脅,且民眾開始減少支出時,此時降低短期實質利率,可以讓它往正確的方向調整。同時之間,降低長天期無風險利率,以及增加信心的鼓舞與打氣,可推升股市與房地產的價格。這可以帶動良好的正循環,銀行開始樂於放貸給資產負債健全的個人與企業,同樣的,個人與企業亦樂於以自己強健的資產負債表,向銀行借款消費。這項政策看起來運作的十分順利,即使經濟面臨了挑戰。1987 年美國股市重挫,但是沒過多久就馬上彈回。1990 年初期美國經濟開始衰退,但同時之間,政府推出一連串降低利率政策來挽回經濟,因此在 1994 年又漲了回來。

美國與英國在 1990 年中期的通膨大幅下跌,同時經濟成長也繳出漂亮成績單,二十幾年前所歷經的經濟夢魘,彷彿已是遙遠的記憶。科技革命也橫掃整個社會,並改變了全球的就業生態。在 1990 年代末期,英國失業率從 1993 年約莫 10% 出頭,降至近乎 6% 的水準;而美國則降至 5% 以下。至於這兩國家的通膨率,也都維持在 2% 以下。若當時有任何可能危害這段寧靜態勢的威脅,無論是經濟衰退或是全球金融市場的崩跌,央行都已經做好萬全準備。它們相信,只要降低短期與長期利率來支撐資產價格以及總體需求,便足以使經濟恢復,並且維持金融的穩定。

在 1998 年夏天,俄羅斯出現債務違約。美國標準普爾 500 股價指數在七月與八月裡,便重挫了逾二成;公債殖利率亦大幅下滑。管理一檔規模達 45 億美元避險基金的美國長期資本管理公司(LTCM),在這次的金融市場動盪中受傷慘重,搖搖欲墜,也因而掀起市場上另一波的震盪,引發更全面性的經濟與金融

衰退。呼應 1890 年英格蘭銀行行長威廉‧李德道爾對當時霸菱銀行瀕臨破產的處置，美國央行出面急邀各界成立一個小組對 LTCM 伸出援手、進行紓困。LTCM 最後免於破產，但被迫清算旗下基金，這使得金融市場的逆價差波動更劇烈。然而，當年李德道爾對霸菱紓困，同時還提高利率，但央行卻降低短期利率，給金融市場嚐足甜頭，即使當時的失業率才 4.5%。1999 年七月央行確實開始調升利率，但也只有些微增幅。

這兩場事件之後，英格蘭銀行也跟著起而效尤。美國標準普爾 500 股價指數從 1998 年十月的低點，到隔年七月中，就漲了逾五成，同時間英國「富時」所有股指數（FTSE all share index，包含了富時 350 指數以及富時小型股指數）也上漲超過四成。這兩個國家的股市漲幅，已遙遙超越 1998 年夏天俄羅斯債務危機爆發後市場重挫的幅度，已成為火熱的股市。

在這段期間，這兩國的失業率持續下降，通膨也維持在低檔。但就在此時，這場遊戲開始出現問題。在後續的時間裡，薪資以 5%、6% 的最佳水準增長中，同時股市與房市亦輪流上揚，獲利都在雙位數以上，這讓資產與消費者物價走向了不同的軌道。央行並不認為，消費者物價跟不上某些資產價格的泡沫，是一件奇怪的事情。它們反而覺得這是正常的現象，因為唯有達到全面就業，消費者物價才會有所回應。由於通膨一直維持在 2% 附近，這代表它們完美的讓利率與整體需求保持同步：在需求過熱且已超越經濟的產能與潛力之前，及時出手提高利率。央行不斷觀察消費者物價通膨的壓力訊號來訂定利率，藉以駕馭經濟

走向。在這段期間裡，各類資產一直輪流通膨，價格上漲至似乎已到泡沫的狀態，直到泡沫破裂並且帶著實體經濟一起崩跌。

行為理論學家十分關注投資人們的羊群行為，雖然諸多人一直怪罪某些投資人的投機式交易行為。然而，令人覺得難理解的地方在於，當先前一樣事件已發生在某世代（若真的有的話），為何人類行為會突然改變，在泡沫中再去製造一個泡沫。即使是從業者、學者以及央行人員，都把低利率對資產價值影響視為通貨再膨脹中的基本前提，但大家並不認為，低利率政策無意間造成了資產不斷興盛衰退的結果。或許央行認為它們對此並不用負責任，因為降低投資人投資風險性資產所需要的額外報酬，是他們自己自由意志的表達。但投資人受到誘惑吸引，以至於出現這樣的行為，這部分卻被輕描淡寫的掩蓋過。

利用低利率這個通貨再膨脹藥方，只能作為短期治療使用，當藥效過後市場會突然重挫，造成金融波動，這對實體經濟會造成更大影響。問題就是在於薪資成長與資產價格之間的分道揚鑣，讓金融市場在提升借貸成本時，更顯得容易受傷。

市場上嚴重的重挫，並不是由某些在有利時點利用投資大眾而反向操作的投機者所造成。多數的時候，很少有反向操作者能從央行教唆的群眾腳步踐踏中全身而退。**市場的崩跌，只發生在當群眾發現自己望著薪資與資產價格間的裂痕時，帶著希望並且縱身往下一跳。**

第11章 自我意圖 vs 慫恿蠱惑

在電影動畫《功夫熊貓》中，鵝爸爸向阿波坦承，牠的麵裡根本沒有特殊配方；要讓大家覺得麵很特別，只要你自己如此認為就好。這道理十分簡單，卻是讓孩子們難忘的娛樂笑點。而這段台詞的背後，也蘊含了東方、猶太與基督教共有的智慧真諦。

《聖經》裡「事情必照你所信的，成全於你。」這句話指出，我們的中心思想，無論是好是壞，將在生活中真實展現出來，這代表我們的信念，將會有意或無意的指引著我們的行為舉止。因此，無論你特不特別，都是從我們所相信的事情開始起步。古印度哲學《奧義》也闡述了相同論點，並以更正面的角度論述思想、行為與結果之間的關係。

你內心的渴望決定你是一個什麼樣的人。

你有什麼樣的渴望，你就有什麼樣的決心；

你有什麼樣的決心，你就有什麼樣的行為；

你有什麼樣的行為，你就有什麼樣的命運[1]。

---

1. 奧義，大林間奧義書 (Brihadaranyaka) 第四部 4.5，艾克納·伊斯瓦倫 (Eknath Easwaran) 引入與翻譯 (柏克萊：Blue Mountain Center of Meditation 轄下 Nilgiri Press 出版，1987，2007)

在形上學中是如此，在經濟學裡亦然。自相矛盾的撙節派，認為如果我們在苦日子來的時候，十分煩惱且過度的節約生活，那麼苦日子真的就會降臨在我們身上。上述每個例子都暗指相同的概念：我們心裡中盤據已久的念頭最終都會應驗，因為我們的言行舉止，都無可避免的依據這個念頭而行事。

央行為創造更繁榮的經濟而試圖改變我們的信念，這方法不僅存在當代經濟裡，也存在於古代先人的智慧中。既然如此，為何這些出於善意的經濟戰士，留給我們的卻是景氣興盛衰敗的循環交替，而非永遠的興盛繁榮呢？為何股市與房地產週期性的大漲，但即使薪資已增加了，卻仍難以望其項背？答案在於，當你把帶動收入的馬匹栓在財富列車之前，他們已經創造出了與心中意圖完全不同調的迷人誘惑。

克努特‧維克塞爾（Knut Wicksell）1898 年的著作《利率與價格》中，他已對低利率對房價（或者更廣泛來看，就是替所有人不斷賺取收入或租金的資產商品）帶來巨大的影響，並慢慢擴及滲入經濟體中帶動高租金、薪資與物價等進行了解釋：

> 所有相關的東西都可能上漲（房價已經上揚），因為這個房價要用來支付蓋房子所需的原物料及服務等。這是因為大家都預先假設，房子的淨收入（特別是租金）在未來都不會改變。但是薪資、地租等等都會漲，這會造成各類商品，包括房屋的金錢需求增加[2]。

倘若低利率只會帶動這類資本商品的超額投資，那麼相對

---

2. 克努特‧維克塞爾（Knut Wicksell），《利率與價格》，第 96 頁。

其他商品與勞務而過度生產的房屋，代表其「相對價格將更快平等化」[3]。因為市面上將有過多的房子待售，使得價格被壓低，但同時之間，其他商品與勞務因為短缺，價格就會上揚。因此結果將會是各類物價的全面上揚，而不僅限於像房子這類的資本產品。

他解釋價格如何全面性的上漲，並進而創造了大家對進一步通膨的期待；由於通膨可能進一步帶來寬鬆的信貸條件，因此也具有同樣的影響性。

> 向上移動的價格，會以某種方式「創造出自我牽引效應」。當價格已穩定上揚一段時間，老闆們不僅會以已經達到的價格，也會依據進一步漲價後的價格來進行推估研判。這對供給與需求的影響，顯然與相對應的寬鬆信貸一樣。[4]

維克塞爾的理論，點出利率對資本商品價格的巨大影響力，且慢慢發展出全面性通貨膨脹的過程。即使在今日，大家對於以低利率去創造通貨再膨脹的準則，仍認為是理所當然之事。事實上，央行不僅僅依賴利率對資本商品的影響，也倚賴利率對更廣泛的資本資產的影響，包括了實質的資本資產（例如房地產）及金融資產等。而且，現在大家心裡都有早一步的認知，因為大家皆認定，資本資產價格的刺激將會造成更高的成長，而不受歡迎的價格通膨，只會在經濟已達到其最大產能時才會發生。相較之

---

3. 同本章注 2。
4. 同本章注 2。

下，維克塞爾的理論則認為，經濟已經以最大產能在運作，因而只會對低利率影響中的價格要素產生壓力。

然而，若只是放大某個由當今央行造成的資產價格傳輸機制中的問題，重新檢視維克塞爾的論點倒是很有用的。如果隨著維克塞爾原來的論點，資本資產與這些消費者商品與勞務之間，應該出現一種相對價格平等化的現象。事實上，暗地以消費者物價通膨作為壓力量表，就是一種平等化，先是相對需求、接著是資本資產價格以及消費者商品與勞務價格的平等化。舉例來看，如果熱潮是從房產開始，應該會先讓建築工人收入增加，而收入增加也會讓經濟體中所有產品與勞務的需求，也會對等提升。而且當建築活動愈來愈多，房價應該以相對低的速度上揚，但是在建築業（或其他相關行業）中找到工作的有收入者，在薪資增加後，對其他產品與勞務的需求速度，反而應該以較快速度增加。唯有需求的平等化實際發生了，當經濟體也達到全民就業的時候，最終才會在消費者商品與勞務的價格上，體會到價格往上移動的趨勢。

但萬一由低借貸成本所帶動的資本資產狂熱，並未能同等帶起其他產品與勞務的需求呢？

請假想：假設資本資產是肉品，而消費者產品是綠色蔬菜，消費者勞務是碳水化合物。假如人們吃的份量，未達他們保持健康應有的攝取量，而此刻央行希望人們可以多攝取一點，讓每種類食物都比維持健康所應攝取的份量還要多。這樣的意圖之下，

假如央行把肉類價格大幅度降低：現在，人們攝取的肉類仍可以像以往一樣多，但大家手上也有多餘的錢，可以購買更多食物。一開始，大家可能會多吃一點肉類，因為肉目前相對便宜，但後來大家恢復原來的習慣，開始等比例增加碳水化合物以及綠色蔬菜的份量。這也不是絕對確定的情況，因為人們也可能反向操作，選擇最快增肥的方法，例如大幅增加肉類的攝取量，省略了綠色蔬菜與醣類食物。在短時間裡，大家可能會感到滿意，看起來也健康健美；但長期下來，這種行為可能導致一堆嚴重的健康問題。改變肉類價格時，央行無法以多攝取的方式，保證能讓民眾會變得更健康，達到央行期待的結果。

現在再試想另一個案例。有三個人：A 先生有份穩定工作，賺得錢不多也不少，擁有一間房子，也存有一點錢。B 先生有一份刺激的工作，可能風險很大，薪水相對較高，也存一大筆錢，對負債有一點反感，因此他現在寧可租房子住。至於 C 小姐在最近的不景氣中丟了工作，存款也很少。假如央行把短期利率降至零，物價以每年 2% 上漲，且長期借貸成本降低了。這三個人分別會出現什麼行為？

C 小姐會被迫用剩餘存款度日，主要支出是消耗品與房租等必需費用——某種程度上較不受物價上漲的影響——且希望及時找到工作。至於 A 先生與 B 先生的經濟狀況相對較好，兩人的選擇也比較多一些。然而，他們可能並不會受實質負利率所影

響，而有更多的消費支出，因為他們一開始便對自己的消費水準感到滿足了。例如，假設他們一周慢跑好幾次，因此每十二個月就會購買一雙新運動鞋。今日他們會一次購買三雙新球鞋嗎，只因為害怕十二個月後鞋子價格會變得更貴？可能不會。如果價格上漲了2%，只要薪資也增加了同樣金額，他們也可以負擔得起。假如價格漲幅比他們的薪資還高，他們可能會先暫緩決定，心理先依照對當時的經濟狀況展望及信心，推估舊鞋是否再多穿個幾個月。當他們目前的消費水準仍可維持基本需求，那麼被誘惑去進行額外消費的機率就會變低。

然而，A 先生與 B 先生要考慮很多事情。即使央行控制通膨在2%的目標可以達成，價格在三十五年後依然會翻倍上漲。A先生與 B 先生可能會接受一項事實是，央行無論是對還是錯，已暫時消除先前通膨飆漲的情況，他們的薪資收入可能也不必持續往上調整。如果以平均通膨率3%來看，十年之後，十萬美元的購買力只會剩下七萬四千美元，而且如果維持一樣的通膨速率下，價格在不到二十四年的時間裡就會翻倍。毫無疑問，大家會開始憂慮金錢根本無法保值，且經濟的債務負擔讓央行有好的動機，在幾年裡對通膨的控制比較鬆懈。因此，他們開始採取自我保衛方法。即使對金融的理解與知識不足以想出解決之道，但他們已注意到，雖然存款帳戶的利息報酬已掉到零，但價格依然在上漲中；且薪資上漲的幅度也不太跟得上物價上漲的速度。要對抗通膨，A 先生與 B 先生因此開始購買可以保值的資產，對抗長期累積的通貨膨漲。

同時之間，借貸成本目前很低，A 先生與 B 先生決定趁機好好利用目前利率的低檔。例如，他們可能會以自己的存款作為權益，去借一大筆錢投資一間房子；倘若通膨在無預期之下發生了（央行刻意操作），經濟開始進入短期起飛期，這會對他們特別有利。A 先生甚至可能用他的房子去抵押貸款，來養第二間房子。即使 B 先生並不願意負債，他也在被吸引之下，以他現有的儲蓄投資一項他認為具流動性且在面對通膨時可以保值的資產。

　　投資股票看起來很有吸引力，因為通膨增加了企業的營收，即使這並不代表企業會調薪。至於黃金、藝術品或奢侈品投資有蓬勃的二手市場，因此向來可以抗通膨保值，也是另一項吸引人的選擇。有能力的人，通常也可以保護自己的資產不受累積下來購買力降低的侵蝕。然而，C 小姐以及其他跟她一樣的人們，不太可能有錢自我保護，即使她們也發現到錢變薄了的情況。而且，如果機會來了，她肯定也會購買這些會明顯升值的資本資產。

　　當他們的投資價值都增加了，像 A 先生與 B 先生這樣的人，就可能會花費部分的資本利得在某些額外奢侈品或度假上。但這些誘因只會愈累積愈多，以利於人們投資、且不斷投資於某些資本資產上。由於資本資產價格上揚的速度，比消費者物價通膨上升的還要快，因此當消費水準在相對健康時，這個選擇似乎比當下多花一點錢享樂還要明智些。因此，多數時候，在信用與貨幣供給增加時，會有助於資本資產的投資。證據顯示存款降低，很可能是消費增加了。然而，這項支出很可能來自於借貸一大筆資金用來投資資本資產的債務支出上。即使失業率到了 10%，

剩餘九成有工作者仍在尋找好的投資標的，來彌補存款以及遲滯薪資的購買力減損。以上種種代表的是，儘管經濟理論這麼寫道，但資本資產以及消費者商品與勞務的相對需求平等化，並未真正的發生。或者，這兩類價格的成長速度，仍還不足以造成平等化。

無論在經濟學理論還是實務上，沒有規定可確保教科書中的相對需求與價格平等化，一定會發生。事實上，與教科書上的預期相反的是，在低利率的刺激下，想緊緊抓住且追趕大幅翻升、漲幅遠超過薪資與通膨的資產，這是非常合理的事。結果，這只會造成雙層經濟的情況：一是直接或間接的投資資本資產，另一個則是參與所有其他類產品與勞務的生產。

由於整個經濟處於不平衡狀態，因此，請想想那些不直接參與或與資本資產生產無關的多數企業們，會發生什麼事。由於他們並未看到他們的產品與勞務需求增加，企業並不會積極增加支出及人員的招募；最多是在各界的壓力迫使下，增加的支出金額或聘用人數，只會維持在最低水準。如果是公開上市公司，它們可能趁著低利率時借款，去股市買回企業的庫藏股，趁機改變股東結構並強化每股盈餘。然而，降低貸款成本雖好，企業卻不可能借錢來作為提高員工薪資使用，即使他們增聘了一些員工以因應產品需求的微幅增加。

然而，企業整體發出去的薪資帳單中，投入在資本資產裡的

額度會更高，因為勞工人數以及每人的薪資都可能增加。不過，這不足以定義經濟的整體成長。因為整體的成長，是資本資產產業與消費者產品與勞務的加權平均成長；其中後者的佔比比較大。因此，整體經濟與勞工賺得的薪資合計成長的速度，比起資產經濟顯然還要落後。

為了促進整體經濟，且當經濟已陷入很深的泥沼中，那麼央行被迫會更倚賴採用提升資產價格這個方法。因此它開始更努力的支撐資本資產的價格。然而在整籃子可利用的資本資產裡，很可能有其中一項，會因為近期景氣衰退的記憶而受打擊及拖累。因此，低利率的影響力，只會被利用發揮在某一特定資產類別上，或是整籃子資產的子項目（subset）而已。這凸顯了由通貨再膨脹這個方式，所造成的不平衡現象。

因此，即使當更多人找到了工作，所有勞工賺得的收入也增加了，但自我牽引式的價格往上移動現象，人們也只覺得只會發生在資本資產價格上。當價格穩定上揚一段時間，市場參與者不僅會以已獲得的價格，也會以未來的上漲價格來作為行為依據。這對供給與需求的影響，與相對應的寬鬆信貸一樣，且資產價格的推升會自行完成，即使當央行已經停止進一步的信貸寬鬆。

結果，我們看到的是，資產價格開始往上通膨；但原來我們鎖定的通膨目標，卻是人們的薪資以及人們購買的消費者產品與勞務的價格。因此資產價格，已不再扮演經濟底層帶動經濟成長的角色，它自己反而代表一種貨幣現象，與價值創造或成為價值創造的結果，是背道而馳的。

低利率、即將發生的通膨以及仍在合理水位的消費水準，讓人們不願去實現這些可觀的財富利得，也阻止人們把花錢在消費者產品與勞務上。央行的唬人遊戲——提升資產價格以維持信用的創造，並鼓勵人們在經濟體裡多多消費——造成一種不穩定的狀態，因為資產價格已脫離了實體經濟的常軌。在此情況下，唯有低利率以及想投資風險資產以獲得超額報酬的投資人，才能繼續支撐資產價格，維持高檔不墜。

第12章 通膨的自相矛盾

　　一間位於倫敦市中心的英國公醫服務（NHS，National Health Service）診所，在其網站的評論區裡，曾有名生氣的病人留下一段抱怨評論。她在診所對一位值班護士提出一項要求，希望每年可以針對某問題，進行超過一次的檢查；而NHS則建議這類問題，只要每三年檢查一次即可。這位明顯想要擺脫她的護士，竟然如此回答：如果她一直不斷想著這個問題，且希望不斷重複進行檢查，那麼，她很可能因為自己的妄想，而真的罹患這種病。她被這位護士激怒，並把事情的前因後果寫在網站上，還給這間診所負面評分。結果診所對這名病患道歉，並且譴責這位護士所發表的言論。

　　這名護士可能是無意的，但她亦可能是因為善意提醒而刻意這麼說，就像是《聖經》裡的那句格言「事情必照你所信的，成全於你」。「當我們愈恐懼害怕，腦中對它揮之不去，事情愈有可能會發生」這句話是否成立，仍有討論的空間；可是對央行而言，卻是八九不離十。以利率以及通膨的方式來避免通縮的可能，進而增加了實質負債的負擔，它們確實讓上述情況發生的機會增加了。

讓我們再回到先前曾討論過的例子。有間房子每年的淨租金收入是一萬美元，如果長期借款利率是 5%，代表這間房子的市值是二十萬美元；假如借款利率掉到 2.5%，年租金收入一萬美元的房產，價值就會增為四十萬美元。假如這名揹著六萬美元貸款的開心房東，繼續以這間已增值的房子作為抵押，貸了另外一筆三十萬美金，他花了十萬美元去度假以及其他東西上，至於剩餘的錢，則謹慎利用作為第二間房子的頭期款。這間新房子一年也可賺一萬美元的淨租金收入，且價值四十萬美元；因此他需要另外一筆二十萬美元的貸款。他第一間房地產的貸款價值比（loan-to-value）是九成（三十六萬美元比四十萬美元），至於想要出租出去的第二間房子，貸款價值比只有 50%。他所有的債務總合就從六萬美元增加為五十六萬美元，但是名下的房產總值是八十萬美元。

四年過後，假如央行升息且借款利率回升至 5%，這名曾經非常開心的房屋所有人，發現自己竟悲慘的背著五十六萬美元的債務，且名下兩棟房子的價值都只剩二十萬美元。央行升息的理由是，它認為降息帶來的加薪，已帶動額外的消費支出，且也讓人們有能力支付較高的租金。倘若這四年實施低利率的期間裡，租金確實增加了 20%，這代表我們這名房東名下每棟房子的年租收入，就是一萬兩千美元：借款利率 5% 代表每棟房子市值是二十四萬美元。但我們這位房東仍是處於負債狀態，因為兩棟房子雖價值四十八萬美元，但仍低於五十六萬美元的債務。房租要在借款利率回到 5% 前漲到四成，這位房東才會真正達到損益兩平。

房租在四年內要如何漲到四成？唯有人們的薪資收入，也同等幅度的上漲才行。人們的收入來源管道很多——就業、股利、利息以及擁有資本資產所獲得的租金，還有政府補助等。其中薪資是人們主要的收入來源，因此唯有薪資上漲相同的幅度，租金才可能漲這麼多。假如薪資漲幅不及資本資產，那麼房屋所有人在借款成本上漲時（假設政府的補助維持不變），個人的資產負債表會變成負的。

唯有房租上漲——這是人們賺錢的方法——且／或屋主向銀行的借款利率不變，房子才有價值。即使房屋所有人沒有任何貸款，或者把借款利率鎖住，這棟房子的現值，也是依目前主要的借款成本以及市場裡的租金走勢而定。

以我們這個案例來看，我們的屋主並未鎖住他的房貸利率，且面臨了央行升息，因此他的資產負債表，會因為要支付更高的利息而更惡化。為了因應這個情況，他只能減少開支並設法存更多錢來還清債務。萬一愈來愈多的屋主減少開支，將會使得整體企業的營收也降低：這些企業可能因為銷售不振而開除部分員工。接著，銀行對放款也開始緊張，並自行提高借款成本。假如銀行把借款成本漲到 5.5%，房產價值會進一步跌到 43.6 萬美元。精打細算的屋主開始感受到壓力，尤其如果他的老闆才告知他，公司可能會開始進行成本降低的管控，且他的房屋承租人也因失業搬到租金較低的地方住；由於房子租不出去，屋主可能會認賠，把房子丟到動盪且精疲力竭的市場上銷售。突然之間，一

場由央行策動，四年來帶動很多就業機會且讓薪資上漲二成、看起來很棒的景氣振興，開始進入了衰退期。

　　央行必須再次啟動貨幣寬鬆的過程。但這一次，商銀意興闌珊，不太想跟隨。它們不願意的理由很多：失業率高、負債沉重，以及企業令人質疑的獲利能力。至於我們的屋主，當人們失業且房產價格下跌，市場上有過多的房子待售，讓租金與房價的壓力更為沉重。債務負擔所造成的通縮，已經蓄勢待發，全因為資本與消費相對價格的平等化，並未真正發生，使得薪資一直跟不上資產價格的走勢。

　　那麼，央行為何要升息，尤其當它已知薪資落後資本資產價格，且這會讓房產價格更雪上加霜呢？央行認為，即使它提高了短期利率數碼，但長期無風險利率，並不會隨著同步上漲這麼大的幅度。這種脫鉤情況並不罕見，因為投資人深知，長期利率代表經濟長期的走勢。

　　例如，假如現階段基礎利率接近零，但十年期公債殖利率是3%，投資人們便會認為，未來的基礎利率，也會在 3% 左右。因此即使央行提高了基礎利率數次，使其接近 3% 的水準，長期公債殖利率仍可能會維持不變。再者，央行認為，低失業率會讓商銀與投資人在放款給私有借款人時，降低額外報酬的需求；因此即使基礎利率升高了，市場上的長期借款成本也不會升高太多。央行也預期，當未來經濟變得更好，企業獲利也會更好。因此，股市投資人會更有信心，且放款人也會降低他們的風險貼水。所以，央行相信，理論上，在不會對資產價格造成負面影響下，提

高短期利率是無礙的。但事實上，上述這些理想狀況，沒有一項可以視為理所當然。

更高的借款成本引發的資產價格修正，不一定會造成嚴重的通縮，使得需求或價格愈來愈低，甚至造成資產拍賣。景氣低迷的嚴重程度，主要是看家庭與企業究竟背了多少債務而定（尤其貸款的利率是變動的），以低利率來彌補資產價格與薪資間的差距，就是家庭與企業背負沉重債務的症狀。當債務愈沉重，一旦借款成本升高，利息負擔一下子暴增，因此家庭與企業就要比以往更減少支出與開銷，這情況甚至會蔓延至整個經濟體。此外，當負擔的債務愈高，在房價不斷跌跌不休之下，屋主的資產負債狀況也會愈糟糕，而這對屋主造成的心理壓力及負擔，會讓屋主縮減消費，即使他們的房貸利率是固定的，並不會影響每月繳得利息額度。

這些種種，只會帶領我們不斷往各國央行間難以言喻的傑克森霍爾共識接近。當央行先發制人的先推升資產價格，將其作為經濟成長的管道時，一開始薪資一定不會立即跟上，兩者的落差甚至更大，因此資產價格的上漲並非以實質經濟為依據。央行一定要等到薪資跟上了資產價格，以及資本與消費相對價格平等化已發生。若是央行在薪資調高過程發生之前，試圖抑制資產價格，將不知不覺的終結了利率良藥的效果。

然而，在等待的過程中，投資人會因面臨強大的誘惑而去投

資較高風險的標的，而非等待長期經濟好轉將帶來的獲利保證。因為一方面，他們看到投資房產、股市以及風險性債券所帶來的驚人回報，另一方面，他們也因為購買力降低，錢變薄了，加上沒什麼能力去跟老闆談判加薪。然而諷刺的是，當資產價格與薪資上漲幅度的分歧愈大，薪資必須上揚的速度也要愈快，才能在不降低利率之下繼續支撐資產價格。

央行因而處在進退兩難的處境：**他們可以有意讓泡沫不斷長大**，讓大家繼續懷抱希望，薪資總有一天一定會追上資產上漲幅度。或者，央行也可以利用升息來壓抑它們一手所蠱惑慫恿、同時也處在不穩定經濟成長基礎之下的投資人，但這反而得直接面臨一直想避免的通縮風險。無論哪個方法，央行以降低利率方法打擊通膨餘波的處方，反增加了景氣通縮的機會，這就是通膨的自相矛盾。

第 13 章　投機 vs 投資

　　凱因斯是華爾街嚴厲的評論家。他對 1929 年股市崩盤造成經濟大蕭條後的影響，如此寫道：「被認為具有社會目的，且能將新投資導入最有獲利性，特別是指遠期利益的華爾街，它的成功之道，並不能被稱為放任資本主義（laissez-faire capitalism）中的勝利。」[1] 他哀嘆，投資市場喜歡的是投機——是投資於對市場心理的預期，而非根據企業未來的真正獲利去做分析、投資。他寫道，美國股市就是這個趨勢的最佳縮影，且事實上，也是國家級賽事場所，人們主要是根據「一般人關注的一般看法」去下注。[2]

　　雖然大家目前對投資市場的態度，普遍感到輕蔑，但在鎖定通膨的時代裡，擔任引入新投資的角色，已從華爾街（更廣泛的說，是存款人的聚集社群）轉而由央行負責；若我們忽略了這一點，也未免幼稚太無知了。當央行降低較長天期借款成本，使得未來收入變得近乎無利可圖，因而凸顯了風險型投資的短期收益之垂涎欲滴時，這條區分投機與投資的界線，也變得模糊了。

---

1. 凱因斯，《就業，利率與貨幣一般理論》（Easton Press 出版，1936 年初版，1995 年再版），第 159 頁.
2. 同注 1。

在投資的世界裡，投資人在很早之前，已從根據「一般人關注的一般看法」，轉而變成從央行透露的線索中去推敲、下注，並依據央行訂定的實質負利率來做回應。大眾的一般看法現在與央行所希望的輿論走勢相互結合；購買力減損所帶來的威脅，迫使讓他們更要抓住市場心理。

企業的借款能力，為企業在生產階段與開始上市銷售之間搭起了橋梁。若沒有辦法借款，唯有資本雄厚的企業，才有辦法進行生產，且只能利用自己的資金。借款能力也讓投資創業可以更為公平，且同時間裡，可以投資更多的標的，因而生產更多產品，帶來更多獲利。同樣的，這也讓人們願意消費，帶來更多的需求，並且帶來更多就業機會，創造出更多的需求來支持未來的生產。因此，信貸是「最佳推動者」- 幫助促進大量生產與消費的重要要素，進而創造出更高的經濟產出與整體收入。防止信貸這項重要能力的中斷，是具備最終放款人功能的美國聯準會之基本前提。

要回答「創造出多少信貸才夠」這個問題，聯準會在 1923 年的年報中提供了一個指導準則：「增加的額度要與國家總生產力一樣。」換句話說，信用讓我們得以利用相同資源，去進行更多的生產，因此是有好處的。如果我們借了資金，利用工具、科技與勞工去進行或增加生產，那麼所賺到的營收，至少要在借款期限的終了時，可以把借款（包括本金與利息）還清。而信用的另一種負面涵義就是「債務」，是沉重的負擔。把信用從正面的推動者變成沉重的負擔，就是利用它當作其他用途的資金時。當

投資無法創造出足夠的價值，使得信用轉而變成債務，就必須要努力去註銷它或使其價值膨脹，讓債務慢慢縮小並消失。當我們進行的風險評估愈多，對投資建議與主張就會愈堅定，如此一來，去借錢投資、並在一段時間後歸還債務的機會就愈高。

央行透過公開市場主動做好信用提供的準備，而且實質負利率創造出過多的資金，迫使了商銀與投資人去承受投資風險。如此一來，央行搞亂了大家的風險評估，因為它誘使銀行／投資人承受更多風險去賺取一樣的報酬，讓他們相信更多集體活動，會讓借款人最終能還款的機會變得更大。

例如，假如你做了一個評估，目前有一間價值一百美元的房子，在十年後升值會變成 130 美元，主要因為十年後會有更多工作機會，且因為人口數增加有更多人成家立業。因此，你今日付一百美元並希望它可以升值到 130 美元。可是你的存款只有 40 美元，因此，為了讓你可以買房子，某放款人讓你以房子作抵押並借給你 60 美元（每年利息 5%，因此利息總共要 30 美元），十年期後歸還。萬一你的利息付不出來，或者是無法履行付款義務時，放款人可以透過拍賣你的房子，拿回本金以及應得的利息，即使房子比目前的價格還要低很多。這名放款人評估了後，承擔了風險並考慮到未來可能發生不慎樂觀的狀況。

現在，假如這位放款人發現自己坐擁非常多現金，且市場上的借款成本已經降至 3%。他放款 60 美元只能賺到 18 元利息（經

過十年），即使他手中擁有不少錢，假設是一百美元。因此他把一百美元都借出去，並接受同間房子作為抵押，十年後可以賺得三十元利息。但他這只是為了賺一樣多的利息，而把更多錢借給別人，這並不代表，債務人還清債務或還清借款的機會就會增加。創造出更多的信用與經濟活動，不代表債務人絕對會還債。同時之間，放款人也被迫承擔風險更大的風險，而且這會因大眾的集體心理狀態而被左右。因此，我們從最初投資時該進行的風險評估，已變成依據央行唬人遊戲來進行投機式的賭注。

唬人遊戲基本上是先前投機，至於投資只發生在事後，且也不是必要的。

事實上，每一種企業經營，在其真正成功之前，都帶有某些程度的投機成分。所有經營者都要對成功抱持著最大信念，儘管預測到未來將會面臨到各種風險。唯有在事件之後，才能論定這是否是一件成功的投資。然而，央行施以實質負利率並且創造出過剩的資金，改變了大家的信念，讓大家從原本已計算評估好的可承受風險上，轉而在可容許誤差範圍很小、以及大眾對未來美好經濟的心理期盼上，進行賭注。因此，當人們大膽冒險投資卻未真正看到效果，且信用也變成了債務時，其原因很少是因為投資人做了不當的投資策略，多數原因，應該是實質負利率的方法失效所致。

第 14 章 九〇年代聯準會的通貨再膨脹處方

1990 年春天，電影《麻雀變鳳凰》正式在戲院上映。電影中，由李察吉爾飾演的艾德華，在尚未與茱莉亞羅勃茲戀愛時，是一位有手腕且具野心的商業大亨，他所經營的企業，經常併購其他公司。而現實世界裡，企業的動作頻頻，確實讓美國企業損益平衡表的表現亮眼。在 1987、1988 年獲利暴增之後，企業開始出現合併、購買、股票買回等行為，漸漸把資產變成了債務。愈來愈高的債務，讓企業處在不利的經濟環境時的體質更脆弱，例如債務雖維持相同水準，但營收卻已減少；或者是債權人在面對惡化的經濟環境、重新評估放款風險後，調高了利息，使得企業要背負更多債務。失業率雖然從 1985 年約 7% 的水準開始下降，到了 1989 年，失業率已降至進 5%，但美國家庭的負債卻愈來愈高，大概需要可支配年所得[1]的八成才能夠付清償還。

因此，當 1990 年夏天景氣開始衰退，通膨不再是令人擔憂的威脅，聯準會開始迅速伸出援手。它開始大幅降息，利息之低

---

1. 家庭可支配所得廣泛的包括勞工的收入；擁有資本資產的收入：租金收入、利息及股利；以及所有扣除稅金的淨政府救濟金等。我們也用「薪資」來稱呼「勞工收入」，這是指勞工賺得的補償以及人們自行開業／自行聘僱而得到的業主收入。

是自 1960 年代以來前所未見。聯邦基金的利率自 1989 年的 9.75% 開始下降，到了 1992 年九月只剩下 3%，而當時的失業率回升至逾 7.5%。美國十年期公債殖利率自 1990 年的高點 9% 開始下滑，到了 1993 年只些微超過 5%，而那時的消費性通膨亦降至近 3% 水準，且到了 1990 年代中期，繼續下滑至逼近 2% 的水位。

降息帶動了經濟復甦，這幾乎是教科書上的經典。美國經濟以逾 7%[2] 的年成長率增長，因此聯準會在 1994 年二月開始升息。人口中的勞動力比例，已接近 1948 年開始有此紀錄以來的最高點：而失業率——勞動力中無法找到工作的比例（而非人口中找不到工作者），降到了近 6%，之後還繼續下滑，到了二十世紀末已接近 4%。然而，景氣復甦最成功的地方是，資產價格並未失控漲得更高，它們是由實質經濟成長所帶動，而非因低利率所造成。如果你在 1989 年分別投資一百美元在標準普爾 500 股票指數與房地產[3]，到了 1994 年末，這筆錢分別變成了 130 美元與 105 美元；而同時之間，美國勞工所得[4] 從 100 美元增加至 128 美元。

在 1990 年代中期，失業率與通膨皆紛紛下降；成功的讓經濟從 1990 至 1991 年衰退中走出的葛林斯潘，讓市場著迷不已。

---

2. 1993 年的第四季，名目國內生產毛額與上一季（經年化調整）比成長了 7.7%。除了特別註明為實質，所有的國內生產毛額成長率，均為依照當時物價計算的名目國內生產毛額。
3. 標準普爾／Case-Shiller 房價指數。
4. 從家庭可支配所得中摘錄計算出來。包括了勞工的補償以及包含庫存價值與資本消費的業主收入。

當經濟成長的速度慢慢變緩，聯準會在 1995 年年中又開始降息；1996 年年初，聯邦基金利率從 6% 降到了 5.25%。然而，美國十年期公債殖利率的降低幅度，遠比這三碼還要大；在 1995 年裡，它就減少了 2%。

此時此刻，負債佔整體經濟的比例，尚未增加太快，還不致令人擔憂。1980 年代後期的景氣大好時光結束後，企業變得相對較節制；至於一般美國家庭仍因樂觀的就業展望而浮動，不過，負債過高仍不是一個令人擔心的問題。然而，長天期無風險利率的重跌，卻深深影響股票市場的表現：標準普爾 500 股票指數在 1995 年上漲了 34%，接著在隔年，投資人幾乎一整年都在出脫手上的美國公債、轉購股票，降低了他們必要的風險貼水。

那年的股市又再上漲了 20%，這樣的表現讓葛林斯潘在 1996 年十二月底發表了一段著名的談話，這段談話中他問到：「我們要如何知道非理性繁榮已過度推升資產的價值」，這句話彷彿在呼喚市場反躬自省。

「我們身為中央銀行」，他接著繼續說，「不需擔心崩跌的金融資產泡沫，不會影響傷害實體經濟、生產、就業以及價格的穩定。事實上，1987 年股市的重跌，只對經濟造成些許負面衝擊。但我們不應該低估資產市場與經濟互動之下的複雜性，或以此而感到滿足。因此，概括的評估資產負債表中的變化，但也要仔

細了解資產價格的改變，這是構成貨幣策略中的重要部分。」[5]

雖然市場一開始對他提出的「非理性繁榮」警告，以重挫做出了回應，但最後市場仍相信，聯準會一定會對資產價格有所因應，而且支持市場也是構成貨幣政策的一部分，因此，股市又再度呼嘯而上。

在 1997 年春天，央行調升了聯邦準備基金利率一碼來到了5.5%，雖然之後的亞洲金融風暴，讓利率上揚的腳步再度停了下來。原先被亞洲各國較高投報率吸引的資金，又回到了美國市場，原因是美國有更高、更誘人的無風險報酬率。當亞洲各國的房地產與金融市場紛紛崩跌，投資人的資金從波動的區域中撤出，開始尋找安全的資產標的，因此 1997 年一整年下來，較長天期的美國公債殖利率一直不斷下跌。消費者物價通膨從 1996 年底的 3.3% 開始下跌，到了 1997 年十二月，只剩下 1.7%，這讓長天期債券殖利率，又有下跌的理由。

那一年美國經濟成長了 6%，而標準普爾 500 股票指數因為有實質經濟成長，以及較低的長天期政府債券殖利率支持，又再上漲了 31%。當初在 1989 年底分別投資在標準普爾 500 股票指數與房地產的一百美元，到了 1997 年底，分別變成了 275 美元與 114 美元；而這段期間一百美元的勞工薪資則變成 152 美元。股市相對於薪資所帶來的豐厚報酬，已經開始令人心煩意亂。

5. 聯邦準備理事會主席葛林斯潘的談話。發表於 1996 年十二月五日，於華盛頓 D.C. 舉辦的 Annual Dinner and Francis Boyer Lecture of the American Enterprise Institute for Public Policy Research。

到了 1998 年中，標準普爾 500 股票指數短短半年就上揚了 23%；從 1997 年開始下跌的通膨指數一路下降，到了 1998年夏天，通膨率只剩下 1.6%。作為央行測量指標的消費者物價通膨——個人消費性支出在一年裡的價格變動指數，已經掉到1% 以下。失業率也降至 4.5%，而人口比例中的勞動力也來到歷史新高。消費者物價通膨以及股價分道揚鑣，不過這並不是聯準會的關心焦點；正如葛林斯潘在他 1996 年的談話中所提到，較低的持續性通膨代表較少的不確定性，因此會讓股市價值較高。沒人認為，通膨的動能可能會繞過實質經濟展現在股票市場上。

1998 年八月俄羅斯出現債務違約後，九月、十月股市出現大幅波動；美國標準普爾 500 股票指數從當年七月的高點重跌了21%，不僅整個獲利回吐，指數甚至比當年年初的開盤還要低。因此，當聯準會開始對美國長期資本管理公司（LTCM）進行紓困，它連番的降低利率，希望讓景氣可以通膨再膨脹。後來所發生的事，就像是 1927 年的翻版一樣，而 1927 年這段期間的一切，造成了 1929 年十月的股市大崩盤。我們借用經濟學家萊昂內爾‧羅賓斯（Lionel Robbins）的話：「聯準會審慎的通貨再膨脹措施——在 1998 年九月至十一月間把聯邦基金利率從 5.5% 降至4.75% ——帶來一段最糟的巨大波動期。」

一如預期，低利率對股價帶來極大的影響。股市從 1998 年十月某日的最低點開始反彈，直到當年年底，共大漲了 33%；若從 1997 年底來看，這一年來也漲了 27%。由科技公司所構成的

那斯達克綜合指數（NASDAQ）漲幅，也與標準普爾 500 股票指數並駕齊驅。然而，在第四季裡，那斯達克指數從其最低點大幅反彈，共漲了 62%；而整年下來也共上漲了 40%。

在短期間裡，唬人催眠把戲似乎在刺激經濟上非常有效；美國經濟成長了 8.1%[6]—— 1998 年第四季的實質回報是 6.7%。失業率降至 4.4%；企業開始買回庫藏股，並改以發債方式作為購買庫藏股的資金。通貨再膨脹的方法，在短短三個月裡成效卓著。但即使如此，聯準會並沒有調升利息，因為消費者物價通膨仍在靜止狀態，一整年維持 1.5% 的水準。同樣的，這段時期就像 1927 年至 1928 年一樣：消費者物價已經跌落年均 1.5% 的水準以下，但是股市的表現卻十分瘋狂躁動。在升息之前，聯準會一直等待當達到全面就業時，消費者物價通膨可以加速上揚。

1999 年五月，標準普爾 500 指數又再上漲了 11%，此時的消費者物價通膨終於開始增加；它以 2% 的年增率成長，因此央行在該年六月開始調升利息。總共花了六個月的時間，聯邦基金利率才回到 5.5%。在那段時間裡，標準普爾 500 股票指數繼續往上推升；在那一整年裡，它幾乎上漲了兩成。但是，那斯達克指數卻仍處於折磨投資人的狂躁期，它因為央行實施通貨再膨脹的影響，而讓人完全失去判斷方向—— 在 1999 年下半年，那斯達克上漲逾五成；當年一整年下來，整個指數大漲了 86%。通貨再膨脹還有一個更令人憂心的結果是，企業在財務上持續利用槓桿效應：在 1999 年年終，企業的負債相對於整個經濟體，

---

6. 與上一季相較，並經過年化調整。

已經超越了 1980 年代後期的水準。

　　在 2000 年初期，失業率進一步降至 4%，而消費者物價終於開始增溫，當年上漲至 2.7%。聯準會對自己的作為感到滿意，不僅重新復甦了經濟，甚至就業率也達到最大化，這非常有益於物價的穩定。因此，它決定開始踩煞車。在 2000 年的一月與五月間，聯準會提高了聯邦基金利率 1% 來到了 6.5%。但，問題來了。我們在 1989 年年末，分別投資在標準普爾 500 股票指數與房地產的一百美元，現在分別變成了 416 與 130 美元，而一百美元的薪資也，只漲到 175 美元而已。股市的獲利遠遠超過了薪資；如果沒有低利率，通貨再膨脹的方式並不能帶來足夠且必要的經濟成長，以支撐股市的表現。

　　在 1999 一整年裡，美國十年期公債殖利率仍不斷上揚，幾乎漲了快 2%。當殖利率在 2000 年初繼續往上爬時，股市的表現開始反轉。投資人必須被說服且相信，收入一定會跟上經濟的表現——但其實已有很多人，已不太願意買單這個想法。然而，當十年期公債殖利率因市場預期央行即將出手進行救市，而開始往下滑時，投資人的情緒才開始緩和：股市從 2000 年五月的低檔到當年夏天，共漲了 12%。

　　即使如此，事情本不應該如此發展。更高的利率曝露出的一項事實是，股市的背後並不是由足夠的經濟成長所支撐，而是聯準會實施的低利率政策所帶動。由於 1990 年代科技不斷的更

新與進步，那斯達克成為這場唬人遊戲中，最容易被人們信任能帶來更高獲利的資產類別。在 2000 年秋季，股市開始降溫；在接下來的兩年裡，標準普爾 500 股票指數跌了五成，而那斯達克指數更重挫了 75%。未來獲利的偽裝，已經蒸發殆盡。

第 15 章 反覆的通貨再膨脹

　　當股市在 2000 年開始一瀉千里，聯準會也開始擔憂資產價值的崩跌以及惡化的資產負債表，會讓放款者不願放貸，借款者也不願借錢，這將會引爆通貨緊縮。因此 2001 年初，它又再次祭出通貨再膨脹的方法，放手調降聯邦基金利率，它從 6.5% 一路下跌，至夏季尾聲只剩下 3.5%。同一年，聯邦基金利率因為「911 攻擊事件」雙子星大樓倒榻，又再度大幅度的調降：當年年底，聯邦基金利率只剩下 1.75%。投資人的情緒雖因而較緩和平靜，但維持時間並不長：先前的事件仍讓投資人焦慮難安，他們仍不願降低投資股市的風險貼水。由於企業的獲利已連續第二年下滑，股價在 2002 年初也開始再度下跌。

　　令人失望的經濟消息也持續傳出：美國在 2001 與 2002 年整體的經濟成長很低迷，失業率也增加了 2%。2002 年夏天，投資人信心再度受到打擊，許多大型企業捲入了詐欺以及金融弊案中。這兩年來，美國股市市值已跌掉了一半，正當投資人認為已經要谷底翻轉時，以美國為首的聯軍出兵伊拉克，為前景又添了新變數。股市再度下跌，聯準會在 2002 年十一月再度降息至 1.25%；接著 2003 年一月又降至了 1%。這幾次的大幅度降息，

終於帶動投資人的情緒，因此 2003 年三月，股市開始向上挺進。

　　當我們把焦點全放在股市時，這段時間裡，一件極具戲劇性的事情悄悄在他處上演。1997 年以前，房價相對沒有動靜，漲幅遠遠落後經濟成長率以及股票市場。當時美國家庭的負債已達一定水準，且房貸借款利率並未調降太多，因此債務的負擔並不輕。但我們仍清楚記得，1990 年代初期房價依然下跌，因此房價的漲幅自然遠遠落後，這一點也不令人感到意外。但隨著這段記憶逐漸模糊，房價開始追上了經濟成長率。在 1990 年代中期的景氣蓬勃時期，全美國房價[1]以每年約莫 2% 的成長率增長，至於 1997 至 1999 年這三年裡，年平均成長率皆逾 6%。

　　當聯準會在 2001 年以大幅降息，來拯救因股市崩跌而大受影響的經濟，它需要一個合適的管道。當時企業紛紛節省開支，投資人也不願上央行的當把股市的風險貼水降低，但此時，房市卻不受近期負投資報酬的影響，準備就緒、成為央行救市的管道。在 2000 年一月，十年期美國公債殖利率仍高達 7%，但到了 2003 年一月，只剩下 3% 還多一些而已。而長期房貸利率（三十年期固定房貸利率）也一樣，從 8％掉到了 5%。這對房價以及各家庭的債務影響非常巨大。借貸成本降低的影響是可預期的——房價從 2000 年至 2003 年這四年裡大漲了四成。在較大的城市裡，房價漲幅更是驚人：在十大主要城市裡，房價在相同年間漲了 62%。

---

1. 標準普爾 /Case-Shiller 房價指數。

美國房市的繁榮，是聯準會精心策畫的計畫之一；這與股市崩跌是完全不同的面貌——美國家庭擁有的金融資產[2]，在2000年至2002年間共縮水了2.4兆美元。而聯準會祭出借貸成本降低的方法，帶動了房價大漲，正是央行彌補美國家庭財富的計畫之一，希望可以藉此刺激大家努力消費。正如葛林斯潘於2005年二月在國會進行的證詞，「房市與地產金融的發展」讓景氣不僅蓬勃，也讓財富貨幣化。美國家庭在金融資產上的2.4兆美元損失不僅被彌補回來，整個房地產市場價值[3]在2000至2002年間暴增了4.5兆美元。財富的增加讓人人皆認為，手邊的現有收入，並不需要存下太多，這也刺激了消費者產品與勞務的花費增加。

　　房市繁榮目的是要帶來經濟成長、就業及薪資增長；隨著失業率到達逾6%的頂點後，央行的方法似乎奏效了。再者，消費者物價通膨一直維持低於2%的水準，顯然並未有刺激過度的問題，只有資本活動形成（或者更精確點，是資本資產在形成）。在不對實體經濟造成傷害之下，聯準會成功的處理金融市場的波動。從此以後，它對自己未來可能造成的問題，也更有信心可以處理面對。

　　在1987年的年度報告中，聯準會對於家庭負債增加已超越

---

2. 美國的金融帳戶（Z.1），美國聯邦準備理事會。
3. 同注2。

可支配所得所帶來的金融衝擊，顯得焦燥不安。當時，家庭負債整體金額約佔年可支配所得的八成。因為房價的增長主要來自於借貸的推升，家庭負債金額因而變得更龐大。在 2004 年年終，家庭負債金額已是家庭稅後收入的 120%。相較於 1987 年的年報，葛林斯潘在國會證詞中的焦點，卻不是在金融脆弱的問題，而是家庭財富成長的淨值——一個家庭擁有的金融與非金融資產之價值扣除掉負債。他指出，負債隨著財富增長也合理的提高。而且，家庭負債主要是房貸，有實質資產作為抵押。葛林斯潘強調，當時家庭的資產淨值，是可支配所得的 5.5 倍。

雖然家庭資產淨值或許是經濟強健的來源，但也必須視這些資產價值是否穩定、不受波動影響：但要確定這些價值是否穩定，卻沒有人可以很明確，也沒有人願意承認。聯準會當時應當要以家庭負債佔可支配所得的佔比，作為衡量人們對高利率的脆弱程度的指標。然而，葛林斯潘卻表示，較低的借貸成本以及增加的收入，讓人們已可以承擔更高的債務。聯準會看起來已經掌控一切。從 1990 年代後期開始，美國家庭必須提撥一定比例的可支配所得支付貸款，這個比例穩定的增加中，直到 2001 年年底，這比例來到 12.5%。然而，薪資所得增加與借貸成本的降低，使該比例在 2004 年年中稍微降至 12%。

不過，雖然收入增加，增長速度依舊比房價漲幅落後。在 2000 年至 2003 年之間，勞工薪資收入與家庭可支配所得分別增加了 19% 與 23%，但全國房價卻漲了 40%。如果薪水的漲幅跟不上房價，這兩者背離卻不致讓房價崩跌的唯一方式，就是長

期政府殖利率要一直維持在低檔。亦或者，當薪資真的調漲了，當放款者相信未來薪資將會漲到合理水位，就會開始壓縮無風險利率之外應得的額外報酬，繼續比照以往的低利來放款。

在 2004 年年中，美國景氣一片欣欣向榮，經濟以超過 6% 的年增率成長；失業率降到了 6% 以下，而聯準會的消費者物價通膨指標在一年內漲到 2.8%。經濟已經再通膨起來，而聯準會再次對自己的政策感到滿意，因而開始調升聯邦基金的利息。它慢慢的進行，以確保每個人都了解到，未來利率的增加速度都會被掌握。由於薪資必須要追上房價，放款者必須要對未來有信心才行。

在 2004 年的下半年，聯準會調升聯邦基金利率，從低點 1% 開始往上爬升，到了 2005 年二月，利率來到了 2.5%。但是令聯準會困惑的是，美國十年期公債殖利率同時間卻下跌。因為十年期殖利率可視為未來連續短期利率的平均，因此應該要在央行調升聯邦基金利率時，也開始上揚。但實際的情況是，較長天期利率因回應較短天期利率上揚而下跌，這並不是正常現象，因為這代表投資人擔心未來的短天期利率會下滑，而不在乎聯準會連番調升的聯邦基金利率。

葛林斯潘在 2005 年二月、也就是每年兩次的例行國會證詞中，表達他對投資人的行為感到意外，他將這個情況稱為「**謎團**」。其中一個可能解釋是，全球有更大一筆資金注入於較長天期美

國政府公債中，對此資產有龐大需求。然而，葛林斯潘並不滿意各種解釋，他的結論是，債券殖利率短期錯亂了。

假如葛林斯潘煩惱較長天期利率，究竟要多麼低才能進一步帶動資金流入房市——即使他提高了利率，與所願相反——但後來大眾把焦點放在這個「謎團」情況，反倒是達到他所希望的目的。債市出現了一小波的拋售，使得較長天期殖利率上揚。不過，這波上揚趨勢只維持了短暫的時間。從 2004 年六月至 2006 年六月，利率漲了 4.5%，但十年期公債殖利率[4]與三十年期固定房貸利率只漲了 1.5%。

市場知道聯準會的通貨再膨脹處方，已造成債務的沉痾，而且在薪資停滯不前的情況下，資產的價格主要是由低利率所致。十年期公債殖利率漲不動，主要是因為投資人認為，龐大的債務負擔與落後的薪資收入，意味著聯準會升息的幅度將會很有限——假如利率上漲超過了此限，它很快又會降息。正如事情後來的發展，債市投資人的評估被證明是正確的。股市上漲的更高以及借貸成本在市場一直維持低檔的原因，正是因為投資人指望無風險利率長時間都可以維持在低檔。

葛林斯潘的「謎團」論一點也不誠懇。聯準會清楚知道，薪資若不能等比例成長，房價只能依賴低長天期利率來支撐。從它緩慢升息的腳步，就可以證實此點，因為這是要讓薪資有充分時間追上，並且讓投資人相信，聯準會並未使出任何動作來煽動市

4. 在 2004 年三月至 2006 年一月之間。

場，是經濟自行膨脹而帶動景氣的復甦。

事實上，根本沒有「謎團」的存在。在升息的任何循環裡，假如升息過程中沒有任何不確定性存在，我們可以合理預期，短期利率與十年期利率將會合併在一起，只要經濟沒有任何狀況，這合併情況可持續到中期以後。合併的過程中，央行調升利率會被資產價格所限，而短期利率與長期利率會往較低的終端利率合併。短期利率從終端開始上揚，而長期利率開始往下走。但如果央行真的認為有所謂的「謎團」，它大可加速升息腳步，讓短期利率在更快時間裡提升，以宣示其目的，這也可以證明聯準會的評估正確，目前的經濟確實足以支撐這些利率。十年期利率應該要來到更高的水位——因為央行在 2006 年，最終把聯邦基金利率提高至 5.25%。

同樣也是事實的是，當央行等待薪資追上資產價格以及負債水準時，它也必須將長天期公債利率維持在低檔，如此才能說服放款者與投資人，將必要的風險貼水維持在低水位。假如較長天期利率升高太多，景氣衰退不久就會隨之而來，而聯準會就必須再次祭出通貨再膨脹的藥方來救市。

2004 年至 2005 年等待薪資成長的期間裡，央行放慢升息速度，足以證明這是為這段無以為繼的沸騰階段，提供沃土。在這個階段裡，全國房價又再漲了 29%——自從本世紀的長天期借款成本開始下降以來，房價總計已經上漲了 81%。在十大城市裡，房價在 2004 及 2005 年期間共漲了 38%。家庭資產淨值上漲，幾乎是可支配所得的 6.5 倍，而家庭負債也激增至可支配所

得的 130%。不過，在同時間裡，核心消費者物價通膨[5]仍維持在 2% 的邊緣。但聯準會竟然毫不懷疑，何以投資報酬如此之高，卻依舊無法帶動更龐大的整體需求以及薪資成長率。

聯準會希望以低利率帶動的地產熱潮，可扮演持續推升經濟成長的管道。但這卻演變成一個難以處理的泡沫。這原是一個可以控制的泡沫，即使要付出經濟成長趨緩的代價，而無須面對後來一個更大、更明確的經濟蕭條。在 2004 及 2005 年，當消費者物價通膨已經超過 3%，聯準會選擇以更快的腳步，大幅提高利率。基本上，它有兩個選擇。

第一是不控制房屋市場，希望它可以自行慢慢減速，並在過程中創造出更高的薪資與租金收入，以因應提高的價格，甚至是更高的利率。另一種方式是，可以把利率提高至某一個程度，以控制整個躁動的情況，但過程中將會暴露出經濟體中高債務負擔的脆弱性，以及薪資成長不足的情況。第一項的選擇可能較不會造成傷害，因為其結果不僅比較正向，且即使沒有任何效果，聯準會仍可以再次祭出其通貨再膨脹的處方。

更高的利率以及借貸成本調高，最終導致了經濟蕭條的結果。一開始，先始於次級房貸貸款人遲交貸款以及違約；當時有三分之二的次級房貸貸款人，選擇了利率變動的房貸。當利率一上揚，要交的債務利息也變高，這使得投資人冒險放款時所需要的額外報酬，也一下子變高了。提高的借款成本，以及惡化經濟

---

5. 在一籃子消費者產品與勞務中，扣除食物與能源。

裡停滯不前的租金及薪資，代表地產熱潮已經結束。當資產價格直直落，每個家庭背負著沉重的債務，迫使他們開始撙節、縮衣節食節省開支；如此一來，這讓整個經濟動能變得更緩慢。所有以房貸作為抵押品的債券，如今都變得不可靠。當遲繳貸款以及違約破產的情況愈來愈多，銀行就要承擔龐大損失，甚至有許多銀行面臨倒閉危機。由於放款人之間的不信任感升高，金融風暴開始蔓延開來。通縮導致不良資產拍賣、需求下滑以及價格暴跌，開始愈演愈烈。

但是，擁有彈性貨幣以及低利率通貨再膨脹處方的聯準會，就站在一旁。

第 16 章　英國佬的房子

　　政府承諾以控制通膨為目標,加上獨立運作的英格蘭銀行也為其背書,證明了該策略十分有效,以至於在 1990 年晚期,價格上漲甚至也可能會發生通縮。然而,不幸的是,過去二十年來難以駕馭的消費者物價,會從其他地方自尋出路。當消費者物價似乎已受到更嚴格控管,但房價就衝的更高,每個家庭的負債更為沉重。自英格蘭銀行在 1997 年開始擁有了可自行決定設定利率的權力以後,這十年來,房屋價值在英格蘭與威爾斯上漲了三倍,但薪資[1]漲幅仍遠遠落後,大概只漲了 50% 而已。

　　當政府在 1997 年給予英格蘭銀行獨立控管利率的權力,銀行也承接了當時的繁榮與穩定。從 1990 年代初期的衰退時期以後,英國經濟以每年 5% 的成長率成長,失業率也降至近乎 4%。股市在 1995 與 1996 年些微上漲,比起美國,上漲速度溫和多了。同時之間,房價自 1990 年代初期開始下跌之後,表現穩定。

　　雖然消費者產品與勞務的物價通膨大約在 1.7% 左右,但是在服務產業裡,有稍微過熱的情況。在整體的數字中,可看出服

---

1. 家庭可支配所得。

務業的價格上漲了近 4%。由於家庭支出中有一半是在服務，讓大家不敢輕忽上述的情況。而且，產品的物價上漲速度慢，反映了科技進步讓產品生產的成本降低，以及生產線也已移至較低廉的區域。因此，勞務的價格，反成為衡量經濟中通膨動力的指標。

英格蘭銀行急於證明自己打擊通膨的能力，因此對該議題非常關注。當美國聯準會在 1997 年初，調高了聯邦基金利率一碼，使利率來到 5.5%，英格蘭銀行幾乎在這一整年裡也在升息，它在 1998 年的夏天，已把利率升至 7.5%。即使不斷的升息，在 1998 年上半年，經濟仍以近乎 7% 的年成長率，健康的增長著。

1998 年秋天，金融業發生動盪，當銀行在市場波動中開始停止資金放貸，英格蘭銀行開始擔心，將有可能發生信用緊縮。富時全股票指數在當年八月及九月，就下跌了近乎 15%，英格蘭銀行擔心，股市財富的萎縮，會影響消費者消費意願。因此它急於緩和金融市場，即使它認為英國經濟的風險，並沒有美國高。接著，英格蘭銀行決定「跟著美國的寬鬆政策，提早降低英國的利息，以減緩現階段金融市場的波動。」[2]回到 1929 年，當時英格蘭銀行也跟著聯準會提高了利率，即使當時英國經濟仍處於衰退期。而這一次，它跟著聯準會降息，即使英國的經濟仍相當強健。

2. 英格蘭銀行，貨幣委員會會議紀錄，1998 年十月七、八日，第 6 頁。

當聯準會降了聯邦基金利率三碼（0.75%），英格蘭銀行卻在 1999 年夏天，穩定的調降銀行利率至 2.5%。與美國一樣，降息對英國金融市場與實質經濟帶來立即且明顯的影響。在 1998 年最後三個月裡，經濟以 9.5% 的年化成長率成長，非常近似於美國——到了當年底，英國富時全股票指數已經漲回來，收復了八、九月跌掉的失土。企業借貸（向私有非金融機構）金額往上爬的更高，成長率是 1998 年經濟成長率的逾兩倍。倘若英格蘭銀行當時擔心全球衰退的經濟，會導致信用緊縮與股市崩跌，這問題並不會立即發生。但是，它的憂慮依然存在，因此它從 1999 年上半年開始，仍繼續加速降息。

1999 年，股市漲了 21%。英格蘭與威爾斯[3]的房價[4]漲了 12%，整個大倫敦地區漲幅更大，來到了 22%。於此同時，英國家庭負債成長了 9%，但收入成長卻僅 4% 而已。同時，企業借貸是經濟成長率的了三倍。但儘管如此，英格蘭銀行一直著眼在消費者物價通膨，但這一年來，它降低了近乎1% 左右。

但是，同樣的，服務業的通膨仍在 3.5%，遠比整體消費者產品與勞務物價通膨的 2% 目標，還要高出許多。不過，這是英格蘭銀行在 1997 年時擔憂的議題，如今，這憂慮已不受重視。英格蘭銀行與美國一樣，雖然憂慮金融市場的損失會影響放貸與消費，但它並未質疑，為何資產價值的巨額報酬及借款，不會被反映在整體需求及通膨壓力上。或者，通膨只出現在消費者勞

---

3. 英格蘭與威爾斯佔了整個英國家庭可支配所得的九成。
4. 數據由土地登記處提供，版權 2015 年。

務的圖表上，至於消費者產品的價格，則因「良性通縮」而被掩蓋了。直到 1999 年尾聲，當聯準會升息的幾個月後，英格蘭銀行開始調升其銀行利率，讓利率從 5% 開始上揚，到 2000 年初已到了 6%。

2000 年的時候，英國股市——連同美國，因為高利率的關係開始下跌。但也跟美國一樣，英國的資產價格，在毫無實質收入的支撐下，也開始大幅度的通貨再膨脹。不過，經濟的狀況仍相對不錯：儘管它開始緩步下滑直到當年的年終，但這十二個月來，成長率依舊超過 6%；至於英格蘭與威爾斯的房價，大概漲了一成左右。不過，股市的表現卻是兩樣情。美國股市帶著富時指數重挫；為了因應這個情況，英格蘭銀行與聯準會從 2001 年初開始降息——英格蘭銀行把利率從 6% 開始調降，到了當年底只剩 4%。因為擔憂市值縮水會威脅消費支出與信用創造，因此英格蘭銀行跟著聯準會的腳步，祭出了一樣的藥方，以提振資產的價格。

不過，英國消費者的反應，卻與他們的美國老兄弟不一樣，他們對股市下跌並不悲觀。或許就像凱因斯曾如此談論其同胞一樣，與美國相較之下，英國人投資是為了多一份收入，而不是為了讓資本升值。在 2001 年八月的會議裡，英格蘭銀行如此承認道：「零售銷售與家庭借貸的成長仍然強勁，消費者信心依然

樂觀堅定,且房市也很健全。」[5]但即使如此,它依然跟著美國繼續降息;美國大幅降息是為了因應911恐怖攻擊後壟罩於全國的陰影。

在2002年,即使企業弊案打擊了美國企業信心,甚至拖累全球股市表現,但英國的房價依然不斷上漲。在消費強勁的情況下實施降息,讓房價不斷往上攀升。房貸利率從前兩年開始已經降了2%,讓更多人去貸款更多錢買房。結果,英格蘭與威爾斯的房價漲了24%,同年間家庭貸款成長率也漲了13%。消費者勞務的價格在2002年上揚了近乎5%。但由於消費者產品與勞務的綜合物價通膨,卻仍在1%邊緣,因此在2003年年中,英格蘭銀行進一步降息至3.5%。

2003年至2004年這兩年裡,經濟成長率的年平均都接近6%,失業率降至近二十年來的新低點,而勞工收入[6]則每年上漲5.5%。不過,英格蘭與威爾斯的房價則因為家庭貸款的激增,又再漲了29%。

整個態勢的發展,十分類似於聯準會在美國實施降息後的發展。首先,央行以降息來扭轉下滑的經濟,並且利用資本資產作為通貨再膨脹的管道。資本資產是不會受近期不愉快經驗所打擊的一種選擇,因此投資人願意買單接受。不過,期待把增加

---

5. 英格蘭銀行,貨幣委員會會議紀錄,2011年八月一、二日,第9頁。
6. 勞工收入是家庭可支配所得的一部份,包含了員工的薪酬(計時薪資與月薪及雇主提供的社會保費)、經營盈餘總額與總混合所得。資料來源:英國國家統計局,英國經濟帳戶,家庭與非營利家庭服務機構。

的資產價格轉換成對產品與勞務的需求，卻是不適合的，薪資收入的漲幅遠遠的被拋在後方。再者，因為資產財富是藉著債務貨幣化而來，因為有了房子，債務也增加了。由於資本資產所產生的收入，依賴著由薪資（漲幅大幅落後）所創造的消費力，因此資本資產價格以及更高的整體債務，就必須由更低的利息所支撐帶動。

在英國，服務業物價是政府允許容忍的通膨率之兩倍高，政府公債的無風險利率變得愈來愈無法作為承擔風險的彌補。因為 4% 的年通膨率，代表只要十八年的時間，一筆錢的購買力就會縮水只剩下一半。若英格蘭銀行正在恭喜自己把通膨預期拉回到 2% 左右，就忽視了大眾正在利用資本資產作為庇護，以防日後通膨愈來愈高的事實。

由於資本無法平等化，消費者物價通膨也不高，因此低成本的資金讓資本價格不成比例的狂飆，而這些價格也必須由低利率不斷的支撐著。假如在 1997 年底投資一百英鎊在英格蘭與威爾斯的房市，在 2004 年底這筆錢會變成 233 英鎊；同時之間，一百英鎊的可支配所得只變成 139 英鎊而已。而家庭負債幾乎已是年家庭可支配所得的 140%。這種由低利率創造出的一面倒的現象，也一樣得由低利率持續支撐下去。

同時，貸款市場上主要都是以與銀行利率相關、連動的產品為主。如果貸款的利率是固定的，利率也只會固定二至三年，等

時間到了後，又會轉換成利率變動型房貸。這種固定借款成本的短期房貸，而非較長期型的房貸利率，讓英格蘭銀行可較直接的掌握負債消費者的消費支出。假如制定利率的英格蘭銀行，對高額負債對金融造成傷害顯得不甚關心，其中可能原因是它已控制掌握全國債務的問題了。

在 2003 年十一月，英格蘭銀行開始升息，從 3.5％的低點開始往上調整，直到 2004 年八月已升到了 4.75％。一年之後，它又降息一碼來到 4.5％，直到 2006 年七月一直維持在這個水準，而貸款利率也維持不變。在 2005 年及 2006 年，房價漲幅速度趨緩，只剩下 5％左右，與經濟以及薪資成長速度較為接近。但儘管如此，1997 年底投資在房子的一百英鎊，在 2006 年底仍升值為 256 英鎊，至於一百英鎊的薪資，經過同樣的時間後只變成 151 英鎊。更高的起始點代表的是，即使成長率已經十分接近，但是房價與薪資水準之間的差距仍很大。這個差距是以債務作為橋梁，且在 2006 年底，家庭負債佔年可支配所得的比例，已經提高到了 150％。至於企業經過休生養息後——如同歷經股災之後的美國企業，又開始積極借款，其比例是經濟成長率的兩倍高。

2006 年八月，英格蘭銀行再度調高利率，並慢慢的在一年裡將 4.5％的利率調升至 5.75。同樣的，房貸利率也同步往上調升：兩年期固定利率房貸幾乎漲了 1％，而擁有與基準利率連動的房貸之家庭，只能減少消費支出。不過，這並不會演變成常見的升息循環：因為更高的利率，不久就會暴露出經濟的脆弱，使

得經濟崩跌。負債過高的家庭與企業，對借貸成本調高非常非常的敏感，資產價格也是。而銀行體系更是如此，還有投資不動產抵押貸款證券的投資人們。當這些資產價格下滑，以及債務人可能出現任何不良行為時，會讓放款人受到很大傷害。由於感覺上述問題發生的機率變高，因此放款人冒險放款所要求的風險貼水——政府公債殖利率的額外報酬，自然也會增加。同時，房貸申請以及信用取得也變得困難。這個結果將會不斷的循環。因此，為解決這個問題，英格蘭銀行從 2007 年十一月又開始調降利率，利率從 5.75%，至 2008 年四月只剩下 5%。

儘管如此，2007 年整體經濟仍是上揚的。經濟成長率是5.5%，而房價只漲了 6%。1997 年投資英國房市的一百英鎊，現在變成了 272 英鎊，而對等的家庭收入只變成 159 英鎊。家庭負債仍穩定增加中，企業的借款也不曾減少。但是到了 2008 年春天，不良銀行以及金融危機造成信用緊縮，結果釀成景氣衰退，到了秋天情況更是惡化。房價與股市紛紛重跌，借貸成本與債務違約情況卻不斷竄高。英格蘭與威爾斯房價跌了 14%，使得1997 年投資的一百英鎊，在 2008 年尾聲縮水剩 233 英鎊，不過薪資卻緩步漲到了 164 英鎊。這場危機唯一的一項好處，就是讓房價與薪資間的差距，在這十年來首次拉近了一些。

在 2008 年十月至 2009 年三月之間，英格蘭銀行大砍利率，把利率從 5% 降至 0.5%。家庭與企業被迫開始清償債務。為彌補支出的減少，政府只好提高自己的債務，雖然這些債務中有大部分是用來替銀行紓困。春天的時候，股市開始反轉。當房貸利

率跟著銀行利率一起重跌，房價從 2009 年年中也開始止跌，讓該年在較樂觀的情況下畫上句號。

　　身為利率制定者，英格蘭銀行最終仍控制了全國的負債問題。

第 17章　危機後的較勁

　　在 1990 年代後期及 2000 年代這段期間裡，利率在債務激增以及股票與房價飆漲中所扮演的角色，反而被這群看似已瘋狂的投資群眾所遮蔽。

　　然而，這些危機本身——以及在後危機時代的景象——已慢慢透露出誰才是這場風暴的罪魁禍首。

　　當每次降息時，投資者與放款人在從事較高風險投資所需要的額外報酬，被制約而自動調降，這已是央行習慣用來控制資產價格，以及利用利率槓桿來操縱經濟的手法。在金融危機之後，深信不疑的投資人與放款人明白事情的來龍去脈後，已不願再受騙上當。這使得央行再次大砍利率時，顯得效果不彰。央行為哄騙投資人出手購買風險性資產，利用愈來愈多強制性方式，例如壓低較長天期無風險利率以及同時創造通貨膨脹，種種行為皆顯露央行一直在操弄這項唬人遊戲，但唯有手法更巧妙，才會讓投資人更易上當。

　　央行並不擔心民眾的債台高築，反而對家庭淨值已是收入的數倍高，而感到欣慰不已。這是因為它們有信心可以把債務控

制在可接受範圍內，並且利用利率槓桿來掌控投資人的心理。當放款人提高他們所需的風險貼水時，央行認為他們可以利用降低無風險利率來做補償。可是它們沒有算計到的是，少數房貸申請者的利息拖欠等不良行為增加，暴露出收入來源對資產價格的重要。

這一直是央行長久以來的致命弱點。無論它們利用降息方式，讓未來收入的現值激增多少，消失的收入卻是無法折現的。當投資人不願再投資房貸抵押證券以及其他信用產品，擁有這些商品的銀行，流動性就會受限。即使這些證券最終被證實是穩健可靠的投資，也無濟於事；因為其價值在市場上已受到質疑，這會讓投資人與放款人感到緊張。

英國的北岩銀行（Northern Rock）就因發現自己很難取得所需資金，因此在 2008 年初被國有化。

美國的貝爾斯登投資銀行，也因為握有的房貸抵押證券部位龐大，最後以非常便宜的價格——特別是相較於危機前的交易價格——賣給了 JP 摩根。

葛林斯潘的「房市與地產金融發展」——實際上是將聯邦基金利率調降轉換成房地產熱潮以及刺激消費支出——的評估，基於某理由來看，是挺樂觀的。因為它先預期這些支出最終會變成實質工作機會，並帶來足夠且等比例的收入。同時，收入可以

用來支付償還債務與本金。聯準會並未預料到，調高房貸利率使得債務負擔更沉重，導致了更嚴峻的違約問題；這全因為薪資收入並未有足夠的成長率。聯準會也未看到全國整體債務創新高之下，所造成的毀滅性衝擊。或者，它已經預料到這個情況，只是對於自己身為利率制定者在控制債務上深具信心；當負債者深陷債務泥淖，聯準會可迅速降息以緩和大家在預算與資金上的壓力。的確，它確實迅速的調降了聯邦基金的利率，2007 年九月仍有 5.25%，到了 2008 年四月只剩下 2%，幾乎是 2004 年至 2006 年間升息的相反。

然而，投資人依然心存疑慮，聯準會的降息措施，已無法減輕以往輕易就可減緩的緊張情緒。尤其，當投資人愈恐慌，拋售的資產愈多，資產價格跌得愈深。當雷曼兄弟在 2008 年九月宣布倒閉，違約風險更進一步升高，使得投資人更是趨避風險。從 2008 年五月至 2009 年三月之間，美國標準普爾 500 股票指數市值跌掉了五成，而英國富時全股票指數也緊跟在後。放款者把錢借給高風險借款人所需要的風險貼水，已攀升至一年前的三倍高。

結果，聯準會繼續降息，利率已經接近零水位，而英格蘭銀行也把銀行利率降至 0.5%。兩單位也同時祭出各種提供流動性的措施，來協助金融機構度過難關，例如以流動性較高的短期國庫券或以懲罰性利率放貸現金（雖然懲罰性利率，僅比基本利率才高出一些），來交換金融機構的不良資產。這些不良資產最後淪為一文不值的風險，如今已從金融機構轉而由央行承擔。然

而，央行也不過是代理人，這些風險實際上是由各國政府承受。

　　一旦基本利率趨近於零，英美兩央行進一步貨幣寬鬆所採取的方式，就是印鈔票去購買大量金融資產（多數是政府債券以及由美國機構所發行的房貸抵押型證券）。這方法讓它們得以繼續提供銀行與投資人現金，央行希望這些錢可以用在較高風險產品的投資上。

　　在 2009 年年終，各種金援銀行的措施、近乎零的利率以及大規模資產購買等方法，終於平息了市場的恐慌。金融危機最嚴重的階段已經過去：股市與風險性債券價格已經收復多數過去跌掉的失土。但由於房貸申請困難，房價依然繼續下跌；「凱斯席勒」（S&P／Case Shiller）房價指數在 2007 至 2011 年間，市值掉了四分之一。英國的房價也是下跌，儘管它們的狀況相對較好。

　　後來市場進入一段修復期，這段期間裡，家庭與企業降低了債務負擔，這讓他們更有彈性的面對經濟榮枯以及放款人。正因如此，經濟變得更好。過去十年來央行以無以為繼的方式刺激經濟成長，哄騙大眾去借貸成長有限的未來收入，來進行消費；如今，必須要降低支出以及做更多儲蓄，才能償清債務。與過去借錢消費的瘋狂日子相較之下，成長速度自然會慢慢變緩。

　　不過，聯準會有更多的期待。它預期景氣將會迅速反轉──

畢竟，它已經讓大家的債務負擔降低，同時也藉由把利息降至趨近於零的水準、以及透過大量購買債券來增加貨幣供給量的方式，表達對風險資產價格的支持。那麼，投資盛宴為何無法重新展開？無法接受成長率變緩的聯準會又重施故技——即使上回已經無法帶動薪資的大幅成長。儘管如此，這是聯準會唯一知道的方式，它想再次嘗試一次，希望這回資產價格轉換機制可以發揮效果。

當 2007 年至 2009 年金融危機最危急的階段結束，聯準會開始與投資人較勁，希望可以迫使他們返回風險性資產投資——它們一心希望這會帶來財富增加的結果，讓家庭與企業縱情借貸與消費，銀行可以放心的放款。央行迷上了速度以及脆弱體質，但人們真正需要的是穩定、持續性的支出、還有可以自行償付的信用創造。

在 2010 年下半年，聯準會宣布將著手另一波大規模的公債購買計畫。這次，美國家庭已不相信央行的話：民眾不再舉債，開始用現金支付所有消費。至於放款人更是挑剔，因此或許借貸的減緩，部分也是因為放款人意願降低所致。然而，聯準會這次卻有個較簡單的目標：自從它宣布貨幣將更為寬鬆化的那時起，標準普爾 500 股票指數在短短八個月內，就上漲了三成。接著，在 2011 年夏天，成長開始裹足不前，同時投資人開始擔心歐洲政府無法支付債務，引發了歐債危機。

就在股市蹣跚踉蹌的時候，聯準會宣布至少到 2013 年年

中之前，都不會再升息。此目的是想讓較長天期公債殖利率可以低於通膨率，讓風險性投資看起來較有吸引力。英格蘭銀行在 2011 年十月及 2012 年二月宣布進一步購買資產。在 2011 年十二月，歐洲央行出手拯救歐洲金融體系。股市不僅收復夏天失去的跌幅，甚至繼續往上攀爬。在 2012 年九月，聯準會宣布每月都會購買資產，且沒有期限限制。2013 年八月，英格蘭銀行宣布利率將維持在 0.5% 不會調升，直到某些成長動能已經顯現為止。

這些措施是為了降低無風險政府公債殖利率，與投資人間的心理角力。主要希望通貨膨脹會刺痛投資人，迫使他們從公債的保護傘中撤離，轉而投入風險較高的投資標的中，進而帶動就業機會、薪資成長及物價通膨。

在 2013 年整年裡，標準普爾 500 股票指數大漲三成；在 2011 年十月至 2013 年年終這段期間裡，富時全股價股票指數也漲了 36%。央行又開始故技重施，才能讓投資人調降其風險貼水。雖然這一次不太容易說服投資人，但央行終究是贏了：股票投資人回籠，美國與英國房價反彈，讓 2013 年看起來景氣一片大好。

那年英美的消費者收入成長甚至還超越負債水準：負債佔可支配收入的比例，已不像過去十年那樣高，重回到合理水位。失業率也大幅降低。雖然這全都是正面的消息，但仍有一個陳年

的經濟阻礙存在。由於資產價格反彈，薪資收入成長再度落後，有時候的落後幅度非常大。但結果，任何讓通膨蠢蠢欲動的資產價格泡沫都未出現。資本資產的價格上漲與消費者產品及勞務的平等化失敗，再次說明貨幣政策的作用失敗。且就像惡兆一樣，美國企業（非金融產業）負債金額相對於整個經濟比例，從2012年起慢慢的愈爬愈高。

在2014年年底，央行又到了等待的關鍵時刻；薪資與收入必須要跟上資產的成長速度，資產價值才能在較高的利率下繼續維持下去。然而，沒有人喜歡等待，尤其是央行已制約了投資人，**投資人希望看見速度**。當投資人無法獲得更多報酬，已變得沒有耐性。因為已經受傷數次，人們開始不太相信央行，並對未來的成長以及營收展望產生懷疑，開始傾倒他們手中的風險性資產。但央行也傾向以漠視態度面對任何過度恐慌，因為，這股恐慌可能會讓央行在缺乏對等比例的薪資成長下，撤除精心策畫的虛張聲勢把戲。

因此，它們反倒愈是暗地鼓動投資人，而使用借來的資金去冒險投資的投資人也愈多（在超過利息成本之下去多賺點錢），因為他們相信央行可以解決薪資遲滯的問題，即使除了通膨，已無他法。當投資人因被制約而相信央行將會採取行動，讓資產價格的成長變慢一些，其實，只會增加過度投資風險產品的可能性，最後將無可避免的增加景氣衰退的機會。

唯有時間才能說明最後的結局是什麼。但毋庸置疑的是，到了最後，時間會證明，這場意圖先發制人、在短時間裡推升資產價格飆漲的唬人把戲，根本一點也不值得一試。

第四部

盤根錯節的影響

展望未來，黃金與消費者物價走勢之間的脫鉤，

可能仍是貨幣政策失靈的表現；

它可能是過剩資金依然充斥在資產經濟裡的晴雨表，

也可能反過來

在升息或投資人不再青睞風險資產時，

成為資產通縮蕭條的徵兆。

第 18 章　陰影

　　貨幣作為價值保存以及交換的媒介,也幫助銀行系統的功能運作,它構成了經濟成長必要的基本基礎。因此,央行的角色,理當超越人民與各自政府間的社會契約,才能保障這個基本基礎。

　　但是後來發生了經濟大蕭條、金本位制的式微、德國銀行系統的瓦解以及希特勒的崛起,結果,政府發現,並不能將工作機會的提供,僅作為基本經濟基礎的附加產物。且由於工作的重要性,來自於它不僅可降低人們的痛苦,也是凝聚社會的力量,因此大家將焦點逐漸轉移至充分就業上。央行當然也會承襲這項任務與責任。

　　央行的充分就業政策與利率息息相關,主要透過資產價格來發揮作用。然而,正如我們所見,這個方法無法帶動勞工薪資收入的對等成長;反倒便宜了原已擁有資本資產的人。再者,因為缺乏適當的薪資成長,因此資產價格主要受到投資人對風險的胃口以及／或低利率的影響。也因而它們也非常容易受到突然的崩跌所影響。不過,這些資產作為利率創造的抵押品,以及

儲蓄的媒介工具，一旦價格無以為繼，放手讓它們下跌也並非是個好選擇：這將危及整個金融體統以及人們的儲蓄。結果，利率必須一直維持在低檔，才能讓高風險資產的價格維持在高水位。

然而，**低利率有再分配效應**，它有利於債務人，並懲罰現金擁有者。再者，一個對債務人有好處的政策，反而會帶來意料外的惡果：鼓勵了不負責與沒有生產力的利率創造，並讓信用變成不良債務的機率變高了。不良債務重整並非一直是可行之事，尤其當它佔經濟體的比例非常龐大。因此，對央行而言，清除這些無生產力債務的最可行方式，就是讓購買力下降，這只會強化了資產價格機制的失靈。

央行積極的粉飾其行動下所帶來意外惡果。它們只願意關注用低利率創造出來的最大就業率，所帶來的整體薪資的成長變高；至於部分不良債務則被視為經濟成長的必要之惡，若沒有這些債務，收入成長會變得更少。由於再分配效應之故，央行認為，即使富人變得更富有，但貧窮人跟尚未推動這項促進就業的政策前相比較，也過得更好了。

事實上，任何經濟政策可能只對某些人有利：當我們要拒絕某特定政策時，唯有在犧牲了他人卻只成就了某些人們的財富，也就是富者更富、窮者更窮，此時才會有效果。但只要事實並非如此，且貧窮者只稍微變得富裕一些，那麼這個政策也是可被接受的。拒絕了這個可以讓大家收入都增加（與原來相比）的政策，只因為某些人的收入比其他人高，可能會帶來更大的平等。然而，

這樣的平等唯有當富人與窮人都變得拮据，且富人的損失更龐大時（因為他們擁有的財富更多），才會產生。

確保民眾普遍就業的主要目的，是要讓人民有能力支付食衣住行等實質消費。但因為人類心理的特性，人們的相對狀態對社會凝聚而言，是非常重要的。努力工作以及固定的職業，長時間雖可創造更高的收入水準，可是與那些擁有資產以及生產工具的人們相較之下，卻讓人們覺得自己愈來愈居於劣勢，那麼這個效果就會大打折扣。但是，相對狀態的差異也會刺激某些人，去追逐、試圖達到罕見的成功；然而多數時候，這對多數人而言注定是件苦差事，且自己的貧窮感依然存在。

因此，儘管我們可以合理解釋資產價格機制出現了意外惡果，但政治人物也開始關注會讓社會產生摩擦的貧富差距問題——即使他們如此做的理由，不是為了改正錯誤，而是因為害怕失去先機，利用某些言論來喚起民粹的情緒。他們提出針對高所得者徵收高所得稅率的建議，即使這些高所得者是因為受過特殊技能訓練與教育，或者多年下來工作技能純熟，得以獲得較高收入。徵稅其實是懲罰那些本質上，選擇較具發展潛力（最後也成功了）、放棄平凡人生去面對高度不確定性的人們；幫忙掩飾了對社會幫助有限、不值得擁有財富的人，並要求擁有較高收入者（因為他們賺得多），繳納很高比例的所得稅金。對辛苦工作而獲得較高收入者課徵重稅，乍看下似乎是公平合理的，卻反倒鼓勵人們毋需太認真工作，這實際上只會讓生產力降低：如果勞工知道，收入中有很大比例必須要繳稅，且稅金是用來支付耗費

較多時間在娛樂上的人們的支出，這會讓民眾再也不想長時間工作，且超出一定程度時，整體的生產力一定會更低。

不幸的是，徵稅對薪資才開始大幅增加的多數人而言，卻產生了最大效用。因為那些所得比平均薪資高出數十百倍的人們，會想辦法避稅。而且，這對整體成長的最大激勵在於，可以刺激多數勞工提升自己的技能，並增加生產力以追求更高收入；而非從極富者身上取走更多，並試圖以重新分配來改變現狀。雖然課徵高所得稅獲得民眾的贊同，但這方法卻強化了這個似是而非的觀念：大眾的所得太低，只因為他們被一群利用不公平方式的人們所超越（因此必須對他們課徵重稅）。

———————————————

某些激進主義分子以及政治人物，還提出另一個建議是，針對累積財富課稅。但這項政策忽略了一項事實，這些財富是扣除所得稅後的收入所存下來，還有為彌補通膨或風險、或是央行實施降息而去投資資產所得來的報酬總合。由於這些所得，並不是來自個人的工作，而是低利率政策所造成的結果，因此有人認為，應針對資本資產投資所得的報酬來課稅。不過，若真的這麼做，讓人不禁要問另一個問題：暫且不論是否對資產價值課稅，我們何不直接廢除這個主動讓資產增值，原希望可帶來經濟成長、但最後卻無法讓薪資等比例增加的失敗政策呢？

從實際的角度來看，由於資產價格並不穩定，容易瞬間崩跌，因此財富價值要如何定義與計算才是問題，很難針對它課稅。而

且，這類針對民眾徵稅的目的只有兩個，第一是增加選票，第二是幫助政府增加收入來源，因此政治人物更不願去釐清與修正，財富與收入成長不同調之因。在英國，這類稅制——無論是現行或是提案中的，也都只有利於富人，與其原來針對富人課稅的用意背道而馳。

也由於收入與房價之間的差距愈來愈大，因此在踏入社會後，愈早置產已是變成是一種必要之勢。然而，踏入社會工作且過早置產的缺點是，在人們最有生產力及最可以大膽嘗試的階段，就要背負沉重債務，這反而可能會癱瘓人們的思考，因為認為自己只要能支付房貸，並留在一個可以滿足這項需求的工作崗位上即可。儘管如此，擁有房產仍是大家的焦點，因為當房價不斷高漲，且漲得比薪資還要快，讓人們覺得有保障。當／假如人們負擔得起，甚至可以高價脫手原來的房子，再另買一間價格更高的房產，他們依然會因為房價走高而受惠。與英國的情況一樣，大家因感受到壓力而急於當一隻有殼蝸牛，這就是央行實施低利率政策的直接後果。

在英國，銷售一間住宅所獲得的資本利得並不需課稅，但是薪資所得稅率卻從 20% 翻倍成 40%，必須要繳三萬兩千英鎊[1]的稅金；因此從財務角度來看，大家自然想急於置產，而非在積極追求工作上的升遷或加薪（英格蘭與威爾斯的平均房價是

---

1. 資料來源：英國稅務局（HM Revenue & Customs）。在 2015 年四月六日至 2016 年四月五日課稅期間，只要年收入在 31,786 英鎊至 15 萬英鎊之間，都適用 40% 的稅率。至於享有標準個人免稅額的人們，年收入在 42,385 英鎊以上，開始適用這個稅率。

十九萬兩千英鎊[2]）。人們有兩個選擇，一個是讓勞工陷於無生產力的債務泥淖，無益於經濟潛力的成長；另一個則是鼓勵他們在工作上賺取更高收入，這是讓自己從強迫置產的牢籠中解脫的唯一方法。政府選擇了前者，因為它們錯信了央行，以為央行已竭盡所能在協助房屋所有人，並有效的創造信用來帶動更高的薪資所得。

而且對政治人物來說，假如這個問題本身就可以討好大眾，又何必要費心去解決它？因此我們後來看到諸多政策，實際上是將房貸補貼的風險，從房屋所有人轉嫁到納稅人的身上。這會讓放款人更願意出借更多資金，給房屋所有人──但這只會讓房屋所有人，注定被高出收入數倍的債務壓得喘不過氣。也只會替納稅人，製造出更多危險債務，並且債留子孫。

在這荒謬的情況下，我們看到的是，為了扭轉先前始料未及惡果而實施的再分配政策（低利率政策），卻又衍生出另一個始料未及的惡果。但可笑的是，政治人物將再分配政策合理化，並指出已在為資本主義企業的失敗進行補救，並創造一個更平等主義的社會。事實上，不平等現象的惡化，是由央行所造成，因為它主動、微幅操控經濟活動的自然起落，干預由市場驅動、可讓儲蓄有效分配的價格訊號（貨幣價格，例如本書裡提到的借貸成本等）。

本質上，為了達到就業最大化，而對民眾實施購買力下降的

---

2. 資料來自英國土地註冊處，資料截至 2016 年一月，所有數字均取整數。

策略，央行實際上根本無法達到它的所有目標。購買力實質下降其實代表貨幣再也不是一個可以真正保值的媒介。因為這鼓勵以寬鬆標準放貸資金，使得薪資無法支撐起資產價格的飆漲，它製造了金融體系中風險更大的不穩定性。當錢滾錢的速度，比勞工工作賺取薪資還要快，就抵觸了以最大就業為目標來增進社會凝聚的意圖。

利率槓桿帶來的另一個後果是，金融服務業的所有工作者——最著名的是投資銀行從業人員——賺得的收入，比其他擁有類似教育背景及資質的人們還要高。在金融海嘯之後，大家對投銀的卓越感已然改變，大家認為，投銀只是從納稅人默許的保證裡，獲得極不公平的好處。長期以來民眾對投銀的不滿，幾乎所有評論者與學界皆提出，該對投銀及其他金融業實施薪資限縮。然而，這些限制反倒遮蔽了央行所製造出來的陰影。

投資銀行銷售與交易單位的經營模式，基本上是作為拉近買家與賣家的仲介者。身為中間人，投銀讓客戶依其所願，自由買賣交易金融資產，而非讓客戶一直等待，直到他們找到有人願意交易為止。當資產擁有者販賣資產求現時，投銀提供現金，並將資產納入自己的資產負債中（可能耗費幾分鐘、幾小時或可能數日），這會讓投銀自己的風險增高，因為資產的價格可能會波動。因此，投銀收取的佣金與其它經紀人比起，例如地產經紀人，更具正當性；地產經紀人實際上只負責尋找一個可以交易的買

家或賣家而已，並不會承擔價格的風險。當投銀承擔資產價格的風險，因此向買家及賣家收取佣金費用，是合理之事。

評論界與學界提出對投銀從業人員實施薪資限縮，主要是針對資深管理人員以及參與銷售與交易的人員。他們認為銀行參與了無益的賭局——甚至把自己的客戶也賭上——銀行深知，萬一出事了，還有政府可以出手紓困。但，如果真是如此，為何無法享受政府協助的獨立資產管理人，所獲得的薪資也一樣高，甚至更高？他們是最有效且最有資源的工作者？還是，他們只是很擅長利用這個制度而已？兩者都不是。主要的原因是，他們出現在正確的時間、正確的地方，這個環境是央行所創造出來的。

記住，金融資產的價值是收入的數倍。例如，在 2013 年，美國家庭在個人可支配所得上的收入，大約有 12.5 兆美元；但是他們所擁有的金融資產價值，在當年年終達到 65 兆美元。這些錢多數是以現金儲存，或是投資於貨幣市場、各類債券與股票，以及養老基金。除了家庭以及非營利機構，還有企業單位（包括金融與非金融）都擁有金融資產。即使這些資產擁有人只是投資以及持有，他們仍可收取部分現金，例如利息、紅利以及債券到期時的本金等。這些現金必須要再繼續投資。

此外，家庭與企業每一年都保留一小部分的年收入／獲利，投資於各類金融資產中。這些都有賴資產管理人，或是直接透過網路平台完成。這些中間機構最後都去向投資銀行購買各類資產，它們也在這些交易當中賺取佣金。

回到其根本，這是投資銀行運作與獲利的模式；它們提供服務給有投資需求、希望擁有由政府及企業發行的證券之投資人；而政府與企業，則希望獲得投資人的資金，做為有生產力之經濟活動的經費。已發展的金融市場，是任何大規模經濟中，協助資金從存款人移至使用人手中的首要條件。來自全球的資金在投資銀行交易室裡流動，最後投資在各類金融資產上，因而構成了我們的財富。當投資報酬增加了我們的財富價值，在交易室裡交易的價值也跟著增加，佣金自然也是。當交易量愈大，投銀賺得就愈多。當他們賺得愈多，他們可以付給自己的就愈多——這是合理的，因為他們提供仲介服務，也是流動現金的提供者。然而，既然每一筆交易是把錢從存款人手中，轉移至有生產力的資金使用者手上，因此應該會讓實體經濟更完整。所以即使投銀工作的薪水優渥，也只是反映在投銀的協助下，所產生的較大塊利潤而已。

在正常的情況下，交易金額與數量也會起起落落，因為投資人的需求與想法會不斷的改變。但是，每當央行暗示改變政策，先發制人的改變資產價格，投資人就會被迫回應，並決定何種作法才是明智之選，而這正中央行下懷。結果，市場上的交易量，以及某交易類別會明顯增加，讓更多佣金進了交易員的口袋。在資產價格機制失靈下——並不是因為仲介的存在，而是因為這些誘使投資人的誘因，並未帶出真正想要的結果——投資銀行所賺得佣金，並不能讓實體經濟變得完整。

再者，當央行讓無風險政府公債的殖利率變得更低——相對

於經濟強度而言，投資人就愈想要投資風險較高的資產，並且利用槓桿（直接以借貸來投資，或者購買衍伸性金融商品，其本質上也是以相同方式操作），試圖賺取比借貸成本多的報酬率。由於風險資產／衍伸性金融商品在價格波動下，風險更是高，因此投資銀行在這些商品交易上收取的佣金更高。只要這類產品的需求愈大，整體的佣金就更高。而這些高額佣金相較其他產業的情況而言，實在讓大家震驚不已，尤其是當政策無法達到它原來的目標：想帶動有生產力的經濟活動。

因此，拉近買家與賣家，以及讓買賣雙方在想交易（就是所謂的製造市場）的時刻交易，這個行為本身，並不會讓投資銀行的獲利飆上高峰。唯有當他們的仲介，無法讓這些儲蓄資金有效的分配時，才會造成此結果——其實仲介對獲利飆高並不太具有責任，即使投銀也參與了造市過程，參與了不少預期中的交易活動與市場定位。也正因為它們的參與，投銀在提供流動性時不太會虧本，這也是合理之事，否則，它們早就關門大吉。

此外，這樣的行為也比嚴格針對每一筆交易，進行立即避險的獲利還要高，雖然同時交易又要避險，是不可能發生的。不過，這些行為對資金擁有者所創造出來的市場趨勢，影響很小。在設計一項金融產品，把它們銷售給投資人的同時，投資銀行本身也可能投資這項產品，但多數時候，這些產品是為了滿足投資人需求而設計。對金融產品的胃口，並不是由投資銀行所掌控，而是

政府公債的無風險殖利率這項誘因所主導。因此，投銀所享有的任何專有角色，其實也是在回應由央行所釋放的信號。

多數的資產管理人賺取的費用，是來自其管理資產的某些比例。他們提供的服務，主要是在某特定資產類別中，挑選正確的標的與產業。例如，債券基金的經理人會根據投資人提供的條件限制，去決定該買哪些債券，到期日是什麼時候以及發行人是哪個單位等。長時間下來，報酬滾滾而來，且投資價值不斷增加，以彌補投資的風險以及通膨的侵蝕。但是，當利率愈降愈低，這些投資產品的價值愈變愈高。當價值愈來愈大，資產管理人賺到的費用當然也愈來愈多——同樣的，某程度而言，這與他們的貢獻及努力沒有太大關聯。

上述種種我要說明的是，對在投資銀行工作者實施報酬限制，其實只是治標不治本的方法。若去除了購買力下降這個因素，我們會看到一個現象是，資金將會依據現金流向的強度，以及建議的價值創造，去追逐投資標的；至於存款人則會因為對資金的供給與需求，而獲得回報。

當人們的資金超過了投資機會，貨幣價格就會下降，反之亦然。這不過就像是人們工作、休息、充電，然後再繼續工作的一種自然循環。基於某些外在因素，自然發生的消長興衰節奏被打斷了，以致經濟活動一直低迷消沉，因此政府想利用低借貸成本，用廉價資金來振興經濟活動。但是，當央行在經濟要從生產開始進入休息階段，卻試圖扮演就業創造者以及經濟調整人，它只

會在疲勞之中，製造混亂與困惑。

投資銀行在不自覺的情況下，賺了一大筆比企業還要高額的利潤，他們自然會吸引最棒與聰明的人才投入金融業。如此一來，這又會製造了實體經濟中的失衡問題，因為，假如一大群優秀聰明的人才，最後只成為企業的金融仲介，企業本身將會失去優秀勞工。任何地方都需要訓練有素以及有能力的人才，但這些人最後都屈服於金融業高獲利的現實。他們受到金錢誘惑，嫌惡金融產業以外相對低廉的薪資水準，放棄一個對社會比較有創造性及強而有力（且長期下來更有回報）的貢獻。

這皆是因為央行認為，以實質負利率主動帶動資產價格上揚，才是發揮人類創造力的關鍵。

第 19 章　價格穩定的面紗

　　只要詢問不同的對象，人們對通膨看法的反應自然也不一樣。如果你是領固定薪水的受薪族，加薪的幅度有限，那麼當然不歡迎通膨發生。至於把辛苦賺來的錢，借給他人的放款人，他們的看法可能與受薪族一樣：因此只要你沒有把通膨因素考慮進去，都會覺得自己的錢變少了。但是，假如你是債務人，定期支付固定的利息債務，並沒有完全反映真正的通膨率，那麼，這是一件好事。尤其是用貸款來購買的房產，不僅價值增加，所增加的獲利還遠大於通膨的侵蝕。

　　儘管債務人及資本資產擁有者這一方，與放款者及固定薪水受薪族這方，這兩者之間的財富已重新分配過，但通膨似乎也有其重要的好處。

　　假設有一名企業老闆或創業者借了一筆錢，這筆錢的貸款利率在未來兩年是固定的，但長期下來，若未來的通膨比當初預想的還高，他們銷售產品時的價格就會漲價。通膨不僅降低他的債務負擔，他的營業額也會比先前預想的高。且因為市場有過剩的人力正在尋找工作，這讓目前有工作者在薪資談判上沒

有籌碼，這名老闆也不需調整員工薪水以彌補通膨侵蝕，就可以繼續留住員工，整個情況更有利於這名老闆。隨著營收往上升高，而利率與薪資成本仍維持在以往的水準，他的獲利就會增加；在此基礎之下，他決定要擴大生產。

正因如此，有人一定好奇，何以非預期通膨會是一件壞事。對於領固定薪水的受薪族來說，一直有薪水可領，自然是件開心之事：因為若老闆因通膨而沒有獲利，他可能就此失業了。同時，利息賺得不夠多的放款人，一定也會因為至少可拿到部分報酬而欣慰，即使這些錢無法完全彌補他在放款時所承受的通膨、經濟成長以及可能發生違約的風險。且話說回來，倘若真有一個放款利率，可以彌補放款人承受的風險，此時，借款人反而可能無法負擔得起。因此放款人要拿到所有他該拿到的補償，機率很低。

可是，受薪族以及放款人遲早會明白，此時價格已經上漲，因此他們的收入與補償需要增加。由於現在的工作機會變多，因此老闆無法以低薪繼續留住員工，且下一步，放款人開始調高借貸成本。由於老闆仍相信自己的產品價格仍會繼續上揚，因此他繼續支付更高成本，不斷擴充。有鑑於此，他還去借了更多的資金。

只要價格不斷上漲，且上漲速度比調整後的實際薪資與利率成本快，上述的企業老闆，以及社會中與他一樣的人們，皆會參與這場通膨爆發的盛宴。然而，當受薪族與放款人發現，他們

並未受到公平的對待後，便開始要求更多的收入與獲利補償。一旦實質薪資與利率成本調整後變得更高，這些企業決定用來擴張生產的利潤，瞬間就消失了。他們發現，原來當初預想錯誤的地方是，產品的相對需求，原來實際上只是通膨而已，如今，通膨已反映在產品與勞務的價格，以及勞工與貨幣上。然而，為了回應感覺變多的相對需求，供給與債務也同時增加。由於看不到當初預期的市場需求，許多企業發現自己面臨虧損。當企業開始節流、管控支出，通膨帶動的繁榮瞬間消失，景氣開始變得蕭條──庫存不動如山，勞工被資遣，需求進一步下滑，企業擁有不良債務的比比皆是。非預期通膨所造成的，只是更多收益以及更多相對需求的假象，它誤導人們過度擴張生產，並且讓資金分配錯誤。實質薪資與／或利率變得更高，最後會造成經濟的衰退蕭條。

因此，逐漸地讓購買力減少，或許對政府及企業有利──因為可讓他們的債務負擔以及薪資成本降低；但預期通膨率不斷上升，會讓企業錯估需求，這對員工與放款人並沒有好處。

這正是央行積極預防通膨預期升高的原因。就此而言，央行似乎做的非常棒。在英國與美國，過去二十年來，幾乎所有消費者產品及勞務的物價通膨指標都在 2% 上下。這個不變的數字穩定住了大家的預期，也讓大眾更為順從信服，以至於央行可以將 2% 這個數字神話成一件「好事」。當有必要降低實質債務負

擔，幫助企業獲利，甚至是在避免調升通膨預期的缺點時，這讓央行有藉口去推動一個系統化的購買力下降政策。

但是，在我們恭喜央行的手法如此成功之前，請各位注意自1990年代晚期以來的資產價格走勢。長期無風險利率的下滑，刺激了風險資產價格不成比例的飆漲。任何擁有風險資產的人都覺得自己變得更富有：大家對財富與財產都產生了良好感覺。然而，大家同樣對未來價格的續漲有了預期，因此投資人借了更多錢去投資，以享受更高的報酬率。只要風險資產價格漲得比借貸成本多，資產的熱潮就不會停歇。因此不消多久，投資人開始賣掉手中的無風險債券，轉而投資在風險資產上。儘管無風險的利率增加，只要投資人需要的風險貼水愈來愈低，這股熱潮依然會持續。

然而實際的狀況是，當無風險殖利率愈來愈高，投資人愈不願接受風險貼水變少。因為當他們提高所需的彌補時，借貸成本同時也會提高，且風險資產價格會下滑。借錢來購買這些風險資產的債務，可能一下子變成的壞帳，讓借貸成本變得更高。因此資產價格一開始的飆漲，對這些資產的真正價值只是產生了混淆效果，並且讓投資人過度運用槓桿效應，借了過多的錢投資。唯有無風險利率或投資人風險貼水其中一項，或是以上兩者都一直在低水位，才能控制住借貸成本，投資熱潮才會持續下去。但是當上述其中一項一旦升高，整個熱潮馬上就會退燒、衰退。

把通膨預期固定在 2%，看起來不過是一層薄紗。大家的困

惑，是因為對未來價格不斷升高的預期，以及因資產市場、而非消費者產品與勞務市場的精疲力盡，使得資金配置錯亂所造成。

　　因此，當央行恭喜自己一直讓消費者物價通膨維持在 2% 的穩定狀態時，經濟其他領域的不穩定現象，證明了這是一樁無意義的壯舉。

第 20 章　交易 vs 投資

　　牛頓第一運動定律指出，除非物體受到外力影響，否則物體靜者恆靜；以一直線作等速度運動的物體，也會動者恆動。把這個定律用在股市、房地產或固定收益市場，你也會得到類似的答案。倘若一項資產產生的紅利、配息或利息是確定且固定的，那麼我們可以計算出資產的現值。我們所討論的資產，其價值就會是固定的——也就是在靜止的狀態下。然而，租金、紅利、利息這類收入，會隨著現行經濟的強弱度而改變，就像利息波動反映經濟成長一樣。因此資產的價格是動態且會一直處於改變狀態下，並以接近經濟移動的「速度」移動著。

　　人類的情緒就是加諸在這移動速度上的外力，因此金融恐慌會危及資產價格，以及在此趨勢下的經濟發展。正因如此，央行被賦予權力去平衡這股外力，利用降低無風險利率的方法，減緩投資人與放款人在恐慌之下，需要更高風險貼水時所產生的衝擊。然而，當央行將資產市場視為經濟成長的管道，它所運用的力量，卻不僅只是平衡原先的外力而已。央行實際上已強化了人類的正面情緒，以及借貸與放款的意願，這讓資產價格的上升速度增加，使其移動速度比實體經濟還要快。

當 1998 年九月與十月股市重挫——因為投資人在俄羅斯債務違約以及對美國長期資本管理公司（LTCM）進行紓困感到恐慌——央行出手降低利率，誘使投資人降低他們投資風險資產的風險貼水。這個方法奏效了：股市在年終時收復了數月前重跌的失土，企業表現更是樂觀。然而，把利率維持在低檔、用力扭轉投資人的情緒後，央行刻意從那時開始增加更正面的情緒——因為它們知道這會讓經濟成長更快。同樣的，當英格蘭銀行在 2001 年開始降低利率，2002 年初期經濟便開始蓬勃起來；英格蘭銀行降息的措施，明顯強化了房市的樂觀因子，同時，也因此讓英國人民的負債變高了。

央行不斷重複扮演影響資產價格的外力，它也改變了投資的本質。它終止了原來投資簡單的「購買、持有」過程；這個過程主要是股市整體或房價，長時間下來將會隨著經濟成長而成長。在此情況下，我們可以選擇忽略某些因景氣自然潮起潮落而讓情緒影響的波動。我們深知，長期下來，資產市場將會因為勞力、資本、技術發展、金融機構的穩健以及政府的能力，終將回到經濟移動的位置。

然而，當央行主動強化人們的正面情緒並且供給信用，資產價格上漲造成龐大的群眾行為，就像是非洲賽倫蓋蒂草原與肯亞馬賽馬拉的季節性動物遷徙一樣。然而，我們根本無法預期央行帶動的這種季節性遷徙行為會走得多遠，因為消費者物價通膨仍然不足，原因是資本資產以及消費者產品與勞務的相對需求的平等化仍不夠。因此投資人被迫必須警醒，緊張的盯著由

一群吵鬧投資人，引起塵揚所遮蔽的烏雲，試圖確認無風險利率以及／或投資人風險貼水的調升，是否會造成突然崩跌的危險。

央行引爆了大資產狂潮以及一場緊張的爭奪戰，而這場爭戰對投資人而言是必要的，過程中自然會產生贏家與輸家。他們偏愛態度主動的交易員以及避險基金經理人，因為這些人會試圖預期央行的行為，找出其投資之道。同時，指數追蹤型基金（Index Tracker Funds）或是指數股票型基金（Exchange-traded Funds），如其名，成為投資人最有成本效益的選擇，可藉此投資目前最受歡迎的資產類別（或產業），這也是央行用來帶動經濟的管道。基金（或人們常稱的共同基金）投資以往是藉由挑選股票與類股來打敗大盤，如今已不再受到投資人青睞，這也是拜央行所賜。假如真有一檔基金賣得特別好，原因多數是明星基金經理人的拉抬、穩健的投資品牌以及有競爭力的訂價所致，而非選股能力有多麼與眾不同。

這場唬人遊戲讓投機行為，已成為經濟的必要活動，並且破壞了資本的有效分配。過去傳統的投資過程，包括了仔細選股、購買與持有，長時間的價值增長等，已因為這場唬人遊戲而退位。目前投資人的主要選擇，是該買那類資產以及何時買進。這是利率槓桿效應的直接結果，由於利率對資產價格產生巨大影響，並強迫造成購買力的下滑，這股力量支配著所有其他因素。當整個股市或企業債券市場，因為無風險利率下滑而變得極具吸引

力，企業或投資的細節已經變得不重要了。預期央行的動作反倒變得至關重要，因為實質負無風險利率可能會讓風險資產價格，在短時間裡暴漲，跟長期的成長預期已經毫無關係。

但是，也正因如此，只要當投資人面臨了經濟的真實面，因而集體提高了風險貼水，這些資產價格非常容易受到影響而崩跌。隨著時間推移，一名購買、持有的投資人，可能會面臨短期間內投資報酬下跌 5% 至 10% 的困境。但是，若重跌 20% 或 30%、甚至更高，這會讓「購買──持有」的投資策略，變得更不切實際。仍有投資人的口袋非常深，他們的投資時間非常長久，可能長達二十或三十年以上，主要是為了存退休金或是投資主權財富基金。但是，即使他們可以忽視整體資產類別在短時間裡劇烈的上下起伏，他們也承認，一生裡可投資的機會，可能也只有這一次。這正說明為何多數應該長期投資的投資人，卻關注著短期資產配置交易，並且選擇讓善於在短時間裡，利用上下波動與價格修正時，密集交易、賺取利差的避險基金來操作。

資金充足、未來可能成為創業家的人們，也可能會反問自己，假如他們去投資股市或避險基金，利用金融市場的大趨勢，很可能在一年內就可以賺到二至三成利潤，那麼，成立企業的忙碌付出，究竟是否依然值得。若真是如此，央行利用資產價格，就會產生一個自相矛盾的情況：存款人拿這些資金去創造價值的意願，反而降低。假如來自現金投資的資產價值，讓手中有錢的人不願從事更多的消費及支出，那麼，設立企業與投資股市或避險基金，兩者對實體經濟的影響就不一樣了。這只會擴大資產經濟

以及其他經濟之間的鴻溝，並且讓央行名正言順地繼續支持自己的行為。

央行的唬人遊戲造成了金融市場的波動；在「長期投資只不過是短期投機行為出了差錯」這句話的凸顯下，經典的「投資而非投機交易」建議，聽起來令人覺得虛假無比。與投資相較下，那些認為投機是一種無意義社會行為的人，其實是刻意對「投機意圖是被煽動出來」的事實視而不見，並且容易在央行試圖創造經濟成長時而被利用。

唯有當唬人的把戲曝光，政策制定者才會埋怨叫屈。

第 21章 背後玄機

「喬」與「約翰」是兄弟，兩人都有想要成功所需具備的企圖心與商業敏感度。哥哥約翰是個穩定、努力且謹慎的人，因此當弟弟打電話來告訴他找到一份很好、薪水也很棒的工作時，約翰立刻回答道：「聽起來很好，但你知道這分工作背後真正的玄機嗎？」

喬有點疑惑的回答：「你指的是什麼意思？」

「如果你買一台二手車，你必須檢查閃亮的引擎蓋下，是否有鬆脫的配線，因為這有可能會為你帶來很多麻煩。在你想開車的時候，可能得送廠維修。還有，你未來的主管，看起來是個只為自己著想的人嗎？還是個會照顧團隊，並且給予下屬成長空間的人？他看起來是個善變的人嗎？或者，還有什麼其他不尋常的地方，讓你覺得該等待另一個工作機會？」

喬心想：「據我所觀察到的一切，我的未來主管賺了很多錢，看起來自信滿滿，也把事情管理的很好。我對於可以加入他的團隊覺得很榮幸。此外，他們公司也提供我一年高達二十萬美元的薪水；

至於另一份工作的年薪只有 5.5 萬美元，我那位聰明且努力工作的哥哥，一年也只賺六萬美元而已。相較之下，這真是一個不錯的工作啊。」

喬接受了這份工作，且每天工作的時數很長，他哥哥曾教導過的所有工作該有的紀律與倫理，如今他都真實的體會到。但是後來，他看起來充滿自信且一切都運籌帷幄的主管，卻做出一連串錯誤決定，使得他們單位在喬加入後的一年內，造成極大的虧損。公司開除了這位主管，而看似是這位主管的門徒的喬，也被解雇了。同時，經濟開始進入不景氣：當四處都在裁員時，喬失業了。不過這個時候，他努力工作的哥哥卻獲得升遷，且一年的薪水翻倍變成十二萬美元。

就像喬的經歷一樣，投資人一開始對央行刻意降息，讓資金的成本變低而感到興奮不已，但一段時間之後，即將來臨的動盪，將會讓經濟變得惶惶不安。降低借貸成本讓企業得以增加槓桿操作的使用，讓企業能夠發債籌資，再用這筆錢買回自家的庫藏股。結果，這對股市產生極大的激勵作用，且這繁榮蓬勃的景象，也瞞騙了所有投資人。

假如有一企業發行了一億股的股票，每股一百美元，那麼這些股票的價值是一百億美元。這間企業每年可賺六億美元，代表

每股可賺六美元。倘若這間企業以 2% 的利息，發行五年後到期、價值二十四億美元的債券（利息是 4800 萬美元），並用這些錢去股市買回 2400 萬股的庫藏股，使其營收增加了 21%，在其他的條件都一樣之下，每股股票可獲利 7 元[1]。只要營收保持穩定或不斷增加，按時支付債務利息的支出，其餘的股東將可以分享公司的高額營收，因為其他投資人，已準備投資更多錢在這間企業上。

股市的蓬勃主要來自於企業利用央行降息，讓借貸成本變低，在籌到資金之後去股市買回自己企業的庫藏股；而股市的欣欣向榮，讓央行的唬人把戲在投資人眼中，發揮了效果。當投資人被哄騙下，進而降低了風險貼水、被迫購買了更多高風險資產，企業的管理階層也對於自己運用的方法，覺得十分有效。他們更容易把股價的表現，解釋成企業採用了正確的經營策略等。當企業對未來營收更有信心，就更會大膽地採用槓桿策略。

然而萬一經濟開始反轉，企業的營收因而下滑，當它們仍要面對固定的債務支出，槓桿效應就會成為問題。更糟的情況是，在營收下滑之後，借貸成本被調高了。（以上述的案例來看，如果每年六億的營收下滑三成，就只變成了 4.2 億美元，加上借貸成本翻倍成為一年 4%，年利息支出就達到 9600 萬美元，每股盈餘掉到 4 美元。）

---

1. 4800 萬美元的利率要從六億美元中扣除，因此剩餘金額是五億 5200 萬美元。由於買回了 2400 萬股的庫藏股，因此五億 5200 萬美元盈餘要除以 7600 萬股（一億股扣除 2400 萬股），每股盈餘為 7 美元。

更嚴重的情況是，萬一所有放款人開始抽銀根，企業根本付不出錢來。如此一來企業必須加速資產拍賣，才能籌到資金還清債務，即使市場在萎縮當中。或者，它們也可利用再發股的方式現金增資，但因股本變大，每股營收就會降得更多。央行祭出的通貨再膨脹以及景氣復甦策略，其背後的真正意義是，風險將無可避免的升高，並且使得人人債台高築。一開始企業利用固定的債務負擔，增加了股東的股份，因為只有少數股東可分享更多的企業利潤。然而，在景氣下滑的時候，企業將會變得脆弱不堪，其放款人可能變得要求很高，甚或最後可能跟著企業一起倒閉。

1998 年最後兩季，當美國不斷降息且股市持續修正，非金融產業的企業，陸陸續續開始購買自己的庫藏股[2]。如果聯準會當時對經濟市場裡的負面情緒顯得憂心忡忡，但在企業之間，絕對感受不到這股氣氛：企業以借錢的方式，購買自己家的股票，這代表它們對未來前景依然感到樂觀。在 1999 年上半年，利率一直維持低檔，非金融企業興致勃勃的投入發債行列；雖然當股價開始上揚之後，企業買回庫藏股的速度放慢下來。在 2000 年，利用槓桿效應的非金融企業，明顯增加許多，因此只要一升息，企業的財務就會顯得很脆弱。隔一年，發債以及購買庫藏股幾乎已經停止下來，股市接著幾年表現不佳，這並不令人覺得意外。

在 2005 年，企業發債以及購買庫藏股的行為開始捲土重來。2007 年，企業在同一利率之下，發債以及購買庫藏股來來回回進行好幾次，頻率與速度皆快於以往。2008 年，增加的速度

---

2. 美國的金融帳戶（Z.1），美國聯邦準備委員會。

看起來很類似 2000 年的情況。相對整個經濟成長來看，當時的低借貸成本，確實是槓桿利用的沃土。可是後來整個金融信用崩跌，這些企業被迫不僅得減少利用槓桿的速度，也要降低它們的債務金額。但是這個修復模式，只維持短暫的時間而已。央行又再次祭出降息，在 2011 年企業債務又開始往上增加，主要用來作為購買庫藏股的資金。2013 年，投資人發現股市復甦，且類存款的投資報酬遠低於通膨。結果，那一年成為股市交易蓬勃的一年，全因為企業舉債購買庫藏股，以及投資人被較高風險資產吸引所致。

到了 2015 年年終，美國非金融業企業的負債比例（佔其餘經濟體比例），已經攀升至類似 2000 年與 2007 年一樣的危險高峰。但無論美國企業（非金融產業）的槓桿利用，是否成為美國經濟再度不穩定的因素，這仍要視放款人出借的資金額度，與企業自己獲利速度之間的關係。若認為聯準會肯定會管理及處理這些問題，這將會是一種危險的想法。

事實是：美國企業已選擇一條不太能容許錯誤發生的道路，以分別在 2000 ～ 2002 年以及 2007- ～ 2009 年的危機發生不久後的狀況來看，聯準會承諾把利率長時間維持在低檔，間接保證經濟將持續繁榮下去，就是這個原因。我們只能盼望股市投資人，都能看出經濟蓬勃背後的真正意義與玄機，但或許這對他們而言，要求太高了。因為公債以及定存帳戶低於通膨的報酬率，正好是央行讓投資人掉入陷阱的最好誘惑。

第22章　永不破滅的泡沫

　　如果你是名老倫敦人，住在倫敦非常久了，應該會有認識的朋友，是在 1990 年代末期對抗房價急速飆漲的可憐蟲，這種人發誓絕對不當在房價高點時買屋的笨蛋，因此坐擁著滿滿現金。倫敦房價確實崩跌過，但是它的修正發生的又淺又迅速，彷彿從沒有發生過一樣。你的朋友們，若知道自己當時是在對抗一個由西方主要央行，系統化推動的廉價資金政策，也許會對自己的可憐遭遇釋懷一些。

　　央行一直以來，只關注讓消費者物價通膨維持在低點。但無論是有意還是無意，它們卻一直搞錯問題的方向。經濟體裡過多的資金，找到管道流入了資產當中，成為抵抗隱形通膨偏見的保障。如果央行可以被信任，如果不需要防備來保護任何刻意的偏見，那麼儘管如此，追逐資本資產仍是對抗市場中資金過剩的保障。金錢已經淹腳目，只要隨意瞧瞧全球金融體系與房產市場，都可看到錢的蹤跡。

　　在英格蘭銀行獨立運作後的十年裡，倫敦房屋市場[1]規模變

---

1. 資料來源：英國土地註冊處，2015 年。

成原來的三倍大，與美國及日本等巨大房市泡沫一起奠定了其地位。從 1981 年至 1991 年，日本三大城市[2]的土地價值，也增值成為原來的三倍，雖然主要的飆漲期是在前面五年。同時之間，美國的十大城市[3]的房價，在 1997 年只漲了 2.9%；但是 2006 年時，已經與倫敦及日本的地產熱潮相去不遠。

不過，在 2015 年年末，日本土地價格與當時高峰的價格比起，已經少了 65%；至於美國十大主要城市的房價與長達五年的高峰比起，也掉了三分之一。至於倫敦彷彿置身事外，它只是經過一個像是淡季一樣的修正期。從 2008 年年中起算的一年裡，它的房價跌了 15%，但到了 2009 年年中開始向上反彈。到了 2015 年年末，倫敦的房價漲了近五成，甚至比金融危機之前的高峰還要高：在英格蘭銀行獨立的十年變成三倍的房價，如今已經超過了四倍之高。至於英格蘭與威爾斯其他地區房價，經歷了類似 2008 至 2009 年的下挫，後來以較慢的速度復甦，回到金融危機之前的高峰。在 2015 年年終，它們的房價才恢復到危機之前的高點。

英格蘭銀行實施低利率十年來造成了低成本資金，從其結果來看，雖不是絕對成功，但至少從與經濟的關聯性而言，在後金融危機時代裡，也算是令人刮目相看。要解決沉重的負債問題，沒有比通膨更有效的方法。而英格蘭銀行在服務業裡一直製造

---

2. 資料來源：日本國土交通省。
3. 標準普爾／Case-Shiller 房價指數涵蓋的城市房價，包括了波士頓、芝加哥、丹佛、拉斯維加斯、邁阿密、紐約市、聖地牙哥、舊金山與華盛頓特區。

更高的通膨率，雖被產品價格的通縮所遮掩，但市場心理受到的打擊並不大，尤其在利率接近零的時候。家庭借貸的成長率大幅度下滑，非金融機構的債務也已減少下來，銀行產業也控制其槓桿操作。種種情況讓英國經濟，從 2010 至 2014 年這五年合計成長了 22%，其中很大的比例是來自通貨膨脹。

不過，由於房價漲得比薪資漲幅還要多，倫敦不斷上漲的房價，成為非常重要且明顯的問題。英格蘭銀行試圖轉移大家對這問題的注意力，指出雖然其他方面的債務數字仍在增長，但家庭債務的增加已經停止了；倫敦市的家庭收入佔英國整體的總家庭收入[4]，確實不到五分之一。它指出大家一定要看看其他英國地區，這些地方的房價漲得並不多。它認為是俄羅斯與歐洲為了逃離政治及經濟的不穩定，因此把錢停泊在倫敦地區的地產上，這是它無法控制的因素。最後，對於讓大家歷經 1997 至 2007 年這十年的危險之旅，英格蘭銀行提出了一個老掉牙的藉口：消費者物價通膨不是重點，且它遲早會跌回目標區間裡。由於消費者物價相對受到了控制，英格蘭銀行反而較擔心是失業人口的問題，勞工的技能一旦停止使用後，將會逐漸消失。

某種程度而言，這些因素確實都沒錯。但英格蘭銀行忽略了所有在金融風暴之前，一直存在的不穩定訊號，以及不停警示即將發生的危機。將過剩貨幣導入某類資產，這模式又再度的在倫敦房價上上演。當消費者產品與勞務的價格，一直停滯不動的

4.2014 年六月四日出版之區域家庭總可支配所得（Regional Gross Disposable Household Income）。英國國家統計局，區域帳戶。

時候，倫敦房價卻節節上攻，吸取了所有資金並創造出不斷上漲的自我實現預期。

直到 2007 年，大倫敦區域裡的其他高級區域的房價，也以相同速度增加。現在，在最昂貴的肯辛頓、雀爾喜以及西敏區的房屋價格，由於全球對主要房市的需求之故，已脫離了大倫敦區域裡其他三十一個區域，一飛衝天。與金融海嘯之前的房價高點比起，到 2015 年結束時，有的最高還漲了 65% 之多；若是從 1997 年十二月開始起算，房價已經翻漲了四倍，至於在同時間裡以整個倫敦地區來看，房價已增加四倍之多。

雖然來自國外的需求，解釋了房地產熱潮不斷往上的原因，但依然不能完全解釋倫敦以外，其他地區房價飆升的緣故。因此比較正確的理由應該是，英格蘭銀行製造的過剩資金，被導入了倫敦的房地產市場。由於英格蘭銀行的廉價資金政策，力道與強度遠比 2007 至 2009 年恐慌期間還要大，加上政府實施房貸補貼計畫，不禁讓人想問：當它們該把焦點放在提升民眾收入時，為何它們如此想要合力的推升難以持續的英國房價？而且，銀行對它已製造出的問題——倚賴低利率的資產價格機制，也不知該如何收拾。這問題讓收入與資產間差距問題更為惡化，即使所有債務佔收入的比例已經下滑了。

對於一個社會的凝聚力來說，買得起房子的重要性跟有份工作一樣重要。雖然人們辛苦工作，但是在合理通勤距離以內買

一間房子，似乎變得更遙遠。政府的房貸補貼計畫，讓英格蘭銀行糟糕的廉價資金政策所造成的問題，變得更為複雜、惡化。因為支持這無以為繼的房價，只會進而徒增納稅人的負擔。

英國房市缺乏持續性，顯現在價格與收入之間的差距上。在英格蘭地區，2013 年的中位數房價與收入比[5]，比例是 6.72；雖與其在 2010 年的高峰比起，少了 0.5，但在 1997 年時，卻只有 3.5 而已。至於內倫敦[6]的十四區已穩定的漲超過了 10 ── 也就是中位數房價是收入的十倍。這數字顯然說明了一般大眾所面臨的問題。

假設一般人的收入有二成用來支付稅金，而剩餘淨所得的四分之一用來支付房屋費用，那麼，要用剩餘的錢購買倫敦的房子，可能要五十二年[7]才付得清。以英格蘭整體來看，倘若有人認為只要五分之一的淨收入用來付房屋費用，也是要花四十二年[8]的時間才能支付一間倫敦的房子。若我們把時間拉回到1997年，只要二十二年就辦得到。這證明房價是被推動向上的，且由低利

---

5. 社區及地方政府部 (Department for Communities and Local Government)，第 577 個圖表。(資料取得日期為 2015 年十月十五日)
6. 倫敦外圍的十九個區域，在 2013 年中位數房價與中位數收入的比例是 9.1。這項統計是採用全職員工的總平均薪資。
7. 假如人們的所得稅率是 20%，那麼淨收入等於總收入 ×80%。假如淨收入的 25% 用來付房屋費用，那麼年房屋費用等於 80%×25%× 總收入。假如房價／年總收入等於10.4，那麼購買一間房屋需要所需付款的時間，或房價／房屋費用等於 10.4÷(25%×80%) 等於 52 年。
8. 假如人們的所得稅率是 20%，那麼淨收入等於總收入 ×80%。假如淨收入的 20% 用來付房屋費用，那麼年房屋費用等於 80%×20%× 總收入。假如房價／年總收入等於 6.72，那麼購買一間房屋需要所需付款的時間，或房價／房屋費用等於 6.72÷(20%×80%) 等於 42 年。

率以及增加的負債所支撐。

住在倫敦裡兩個最高級區域裡的全球首富所聚積的財富，吸引了大眾的注目。但這卻模糊了第二次且規模更大的餘波：年輕倫敦居民對房價與薪水收入間更巨大差距，所感受到的壓力。誘使他們在年輕時置產，是一種分化的行為。貨幣政策對此情況視而不見，並且依賴某機制來調整，這也是一個分化行為；且這個機制在過去二十年來已經證明失敗，且一開始就製造了問題與麻煩。21 歲至 30 歲的年輕人，將置產視為主要人生目標，先不論家人的慷慨解囊，他們年紀輕輕就揹負了沉重的債務。在生命中應該努力追求機會，不該受到債務束縛的階段；應努力獲得工作，讓自己盡情發揮所長與潛力的階段，而他們卻爬上了置產這條階梯上。不幸的是，這條階梯成為「蛇梯棋」的機會很高：他們可能努力往上爬卻只看到市場崩跌的結局，最後只能回到起點，重新開始。

房價與收入之間的分裂，看似是供給短缺的結果。但很少人發覺，這是失敗的唬人遊戲，**也就是失靈的貨幣政策所留下的爛攤子**——只製造出過多的廉價資金湧入了資產，卻未刻意繼續創造等比例的需求，去帶動更多的消費性產品、勞務以及更高的薪資。通膨的期待，只被轉換成更高的房價，而不是消費性產品與勞務的價格。這個通膨混淆了大家，大家不知道哪些需求才是由通膨預期所創造出來，哪些又是由真正的需求短缺所帶動。毋庸置疑的是，若價格的年增率可達兩位數以上，本身一定會創造出非常大的需求，以至於即使是供給相對於實際房屋需求仍

算充足，也會反映出不足的情況。尤其是當此需求是由紙幣所資助，且紙幣原則上是源源不絕的。因為真正的需求，與過剩資金所造成的結果產生了混淆，因而造成了資金錯置現象，這一直是教科書裡告誡我們，高通膨會產生的典型結果。

有人認為房價飆漲來自於供給不足，於是市場上傳出應該要有更多房屋供給的聲音。然而，倘若供給與需求如此的失衡，我們不禁要問，為何供給無法迎合這麼龐大的需求量。比較可能的答案是，供應商非常了解目前「房價──收入」分裂的情況，因此對於提供更多房屋的建議，建商採取謹慎保留的態度，他們深知，人們對於他們開出的售價，根本無力承擔。但是，蓋房子也需要時間，或許屆時市場上仍會有供給出現，只要賣方認為房屋的價格，會以相同速度增加。不過，市場上過剩的房子──聽起來或許難以想像──一定會讓房屋的售價受到侷限，尤其是當利率同時調升的時候。至於買家們，他們只想要一件會永遠漲價，而不是會在市場上突然重挫的資產。驟升的供給量，加上調漲的借貸成本，是投機熱崩盤的祕方，尤其當資產是以舉債的方式購買時。

唯有薪資與租金調升，才是解決問題的辦法，即使是在借貸成本增加之下，因為房價不會同時上漲。然而，當房價與收入之間的差距依舊這麼大，市場上的餘屋愈來愈多，這些房子可能會賣給外國人，或者會造成債台高築的現象。這兩者皆不是大家樂

見的：前者會讓本國居民根本買不到房子，而後者則讓經濟與銀行負債累累，只要信用狀況以及經濟發生變化，就會讓經濟與銀行變得更脆弱危險。若上述兩選擇都無法排除，建商將會面臨大麻煩，因為根本沒有買家願意以他們開出的賣價買房。

　　毋庸置疑的是，若限制外國買主的資金流入，或阻止債務暴增，只要市場上的供給一增加，都會讓價格全面且持久的下跌。但複雜的問題是，英格蘭銀行在這件事情上，究竟該如何處理。它一定會承受著壓力，因為房屋所有人將會發現自己的房子跌價，自己負債累累，一場景氣衰退的動盪即將展開。英格蘭銀行會進一步降息，讓存款人的錢膨脹變得更多，讓房價得以維持在目前無以為繼的水準？而通膨又會到什麼階段，意想不到的惡果又會是什麼？無論結果會為何，疲累且由價格帶動的另一波資產衰退，絕對會全面性上演。

第 23 章　閃耀黃金

　　1933 年三月暫時中止以黃金支付美元不久後，為了讓物價再膨脹，並鬆脫一直讓企業快窒息的債務通縮的束縛，美國政府宣布了想讓美元貶值的意圖。1934 年一月通過的黃金儲備法案，代表黃金及美元恢復彼此間的可兌換關係，但是美元貨幣裡原來的含金量也降低了，只剩原先的 59% —— 一金衡盎司（troy ounce）的黃金價格在法案宣布前是 20.67 美元，在法案通過後固定為 35 美元。

　　二次世界大戰出現的貨幣制度，確實是美元緊盯黃金，且每金衡盎司黃金為 35 美元；至於其他主要貨幣走勢則跟著美元在變化。然而，美國政府一直對通膨有偏好，一直認為通膨與失業之間，存在著正向的交換關係，因此不久就讓美元緊盯黃金走勢的制度無以為繼。因其他政府名正言順的以過剩美元從美國購買黃金，因此在 1971 年八月，美國總統理查·尼克森全面終止了美元與黃金之間的兌換關係。

　　美國消費者物價通膨自從 1960 年代末期，每年一直維持在 5% 左右，但因為美元緊盯黃金，以美元報價的油價，價格一

直維持著穩定狀態。當美元不再跟著黃金走，沒過多少時間後，油價開始往上走升。原油的美元價格在 1973 及 1974 年以阿戰爭時，大幅的往上飆升。再加上政府不再受到黃金儲存限制的約束，在此心理因素下，釋放了大家對通膨往上的預期。在 1974 年十二月，美國消費者物價這一年共漲了 12%；到了 1976 年年底通膨才跌回 5%，但是在 1979 年伊朗伊斯蘭革命爆發，油價往上竄的更高，年通膨率又飆高到近乎 15% 的水準。

當美元不再盯著黃金走之後，黃金的美元價格上漲，說明了大家對美元作為價值儲存的貨幣不太有信心。在 1980 年十二月底，一金衡盎司黃金價格收在 590 美元；一金衡盎司從早先的 35 美元起漲，在 1980 年年初還曾飆漲到 850 美元的天價。美國的消費者物價比過去十年翻倍成長，但是黃金的價值卻漲了超過十七倍。在 1980 年代與 1990 年代，黃金及消費者物價的走勢一致。1999 年十二月，黃金價格幾乎腰斬，回到了一金衡盎司 288 美元，但此時的消費者物價又再次翻倍。隨著央行保證將會把年通膨目標鎖定在 2% 左右，黃金溢價作為對抗無預期通膨的保護角色逐漸慢慢消散。在 1990 年代末期，黃金在國際市場的角色，似乎變得不合時宜。

後來，整個局面突然風雲變色。2002 年，黃金價格開始慢慢愈走愈高，甚至是在通膨維持在 2% 上下的時候，當時央行還降息，以對抗資產價格崩盤後應該通縮的局面。在 2007 年年底，黃金價格較之前六年增加了兩倍、亦即增加 200%，變成了一金

衡盎司 834 美元；這個幅度遠比美元貶值（較其他主要貨幣貶了大約三分之一）幅度大出許多，也遠比增加的消費者物價（同期間累計增加的消費者物價是 19%）高出許多。而聯準會衡量消費者物價通膨的觀察指標——個人消費支出的價格指標，在這段期間裡的年均僅稍微逾 2%，至於其他市場的通膨預期指標也非常近於這個水準。

那麼，為何黃金價格的漲幅可以如此之高，就像 1970 年代般，不過 70 年代那時候的其他消費者物價指標，卻都以雙位數增加？最簡單的答案是，黃金的美元價格反映了資產及消費者物價的分歧，它正在攫取資產中的通膨動力，而不是僅反映追逐消費性產品與服務的資金而已。

油價恰好也在飆漲，從 2007 年年終往回推的六年裡，這段期間它幾乎漲了五倍。無論這是全球需求真的遠多於供給的結果，亦或也只是反映過剩的美元以及其他資產，我們並不能確認，它可作為一個更好的儲值標的。因應油價的高漲，美國的石油產出也顯著增加。然而，超額供給讓油價在 2014 與 2015 年幾乎掉了三分之二。油價波動是因為過剩資金造成市場困惑下的結果——給予錯誤的需求訊號而誤導了石油生產者，這是還有討論空間的。

在 2015 年年終，黃金的美元價格比 2011 年高點少了 45%，重貶是因為大家預期聯準會的寬鬆貨幣政策即將告終。但是一金衡盎司 1061 美元，依然幾乎是 2001 年年終當時黃金價格的四倍（或高出了 300%）。相較之下，美國消費者產品與

勞務的價格，從 2001 至 2015 這整整十四年間，累計只上漲了
34%。

　　展望未來，黃金與消費者物價走勢之間的脫鉤，可能仍是貨
幣政策失靈的表現；它可能是過剩資金依然充斥在資產經濟裡
的晴雨表，也可能反過來在升息或投資人不再青睞風險資產時，
成為資產通縮蕭條的徵兆。

第24章 唬人遊戲的前線步兵

　　《多德－弗蘭克華爾街改革暨消費者保護法案》總結的第一句話是：「多年來由於對華爾街不負責任，大銀行帶領我們走入了經濟大蕭條以來，最糟的金融危機，造成八百萬人失業，企業倒閉，房價下跌，個人財富也被抹煞。」[1]這句話說明了這法案是自經濟大蕭條以來，對金融制度最大規模的檢視行動。

　　這項發案緣起於雷曼兄弟投資銀行的倒閉；它的倒閉主要因為資本中，有太大部位的風險資產，因此無法籌措到必要的現金以兌現承諾。在一個投資已經變質的經濟體裡，沒有人願意放貸任何資金，因為大家已經開始懷疑起抵押品的品質。雷曼兄弟的倒閉，與十九世紀後期的歐佛倫葛尼折現銀行以及霸菱銀行所發生的財務危機，掀起了相同的議題。就像霸菱銀行，拯救雷曼兄弟必須擁有整個金融界的支持才辦得到；若不這麼做，其影響層面非常深遠。另外，也正如歐佛倫葛尼貼折銀行一樣，

1. www.banking.senate.gov/public/_files/070110_Dodd_Frank_Wall_Street_Reform_comprehensive_summary_Final.pdf.(資料取得日期為2015年十月三十一日)。亦可在以下網址取得相關資料 http://democrats.financialservices.house.gov/uploadedfiles/media/file/key_issues/financial_regulatory_reform/comprehensive_summary_finalv5.pdf。

雷曼一天當中出現超額擠兌，且倒閉的消息釀成近代金融史上最嚴重的恐慌，要修復此傷害的成本，遠比當初一開始立即拯救該公司的成本，還要高出許多。

《多德－弗蘭克華爾街改革暨消費者保護法案》的重點，就是調整大型金融機構「規模太大而不能倒閉」、迫使納稅人必須對它們紓困的問題。由於現今銀行的規模以及彼此之間的連動關係密切，對整個經濟產生重大的破壞威脅，因此不得不對它們紓困。因此，終止對這些大型且複雜的金融企業紓困的想法油然而生，「美國聯邦存款保險公司」（FDIC）要求金融機構繳交一份，在面臨破產時可能不會受傷的計畫。那麼，所有損失必須由股東以及沒有擔保的放款人承擔，而非全體納稅人。基於保護納稅人的目的，唯有仍可藉由變現資產來還款的破產企業，美國聯邦存款保險公司才會為其借款。它亦對有投保的銀行，承諾將免於發生銀行擠兌的情況，但必須經過非常重要的行政流程把關。這類保證必須經由美國聯邦存款保險公司的多數人與聯邦準備理事會同意，並認同此事將會影響金融穩定性，同時，也須由美國財政部與國會同意其各項條件。另外，這項法案同時也對聯準會提供緊急放貸之權力給予限制，禁止它對單一企業提供紓困。聯準會也不能放款給正在倒閉的金融公司；任何放款都需經過財政部同意，且必須有足夠的擔保以保護納稅人免於虧損。

美國根據《多德-弗蘭克法》成立了「金融穩定監管委員會」（Financial Stability Oversight Council）以及金融研究辦公室

（Office of Financial Research），以蒐集與分析資料，判別並監管系統性風險的發生——係指金融機構逐漸增加的風險部位，聚集起來將對整個經濟造成極大的不穩定。在這些分析基礎之下，金融穩定監管委員會可對聯準會提供建議，使其對銀行與金融企業的資本、槓桿、流動性以及風險管理的預期更為嚴格。倘若它認為有一金融機構規模過大，因其規模、曝險程度以及與其他銀行及非銀行的關係錯綜複雜，對經濟已造成威脅，它可主動先命其組織拆解。在金融穩定監管委員會的要求下，聯準會必須負起大型銀行控股公司，以及其他金融機構年度的壓力測試。壓力測試主要是衡量這些金融機構，在經濟反轉的情況下，是否具備足夠的資金以吸納經濟以及交易的損失。倘若有一連串類似雷曼倒閉後的事情發生，這些測試代表這些機構是否擁有足夠資金存活，而無須動用納稅人的錢。

該法案還會對銀行進行破壞測試以及歇業預測。它也禁止所謂的汙水交易（trading cesspits），也就是以自營交易為名，實則利用銀行資金，對資產價格進行賭博式賭注。銀行不可投資避險基金以及私募股權公司，因這兩者實際上是拿著投資人的錢，做一樣的事。避險基金以及私募股權公司也是監管對象，它們如今必須在美國證券交易委員會登記為投資顧問，並透露其交易標的以及投資組合——如此一來，金融穩定監管委員才可控管任何可能增加的系統風險。

再者，它同時亦允許可追回紅利——任何公開交易的企業，若其高層對其財務數字有所隱瞞，公司可追討回其薪資獎金。房

貸改革則主要提倡負責任的放貸行為，要求放款者必須確保借款人有能力還款，若有任何不負責放款行為，將會受到處罰。該法案亦要求必須對消費者與投資人有保護義務，要求衍生性投資的資訊，要更透明且具有更多責任。這些當中最值得注意的是，對標準化衍伸性商品之中央清算與交易的各種規定，美國證券交易委員會與商品期貨交易委員會（Commodity Futures Trading Commission）對店頭交易的衍伸性商品之規範，以及在美國證券交易委員會轄下成立信用評比辦公室（Office of Credit Ratings），以監管與規範信用評比機構等。

對於《多德－弗蘭克華爾街改革暨消費者保護法案》如此廣大的包含範圍，某些人卻認為，它依然缺少了某項重要元素，故並不太能夠真正改變整個金融體系。它們未把金融恐慌的本質考慮進去，還混淆了因與果之間的關係，並在仍存在的肇因仍不受控制之下，一一凸顯問題癥狀，試圖解決問題。

2007 年至 2009 年間的危機並未發生，是因為金融機構變得太過龐大。恐慌讓金融機構無法卸下資產去換取現金，或者利用它們作為貸款的抵押品。在歐佛倫葛尼折現銀行以及霸菱銀行當年的時代裡，並沒有衍伸性金融商品，而如今的倫敦市──雖然規模並不小──金融市場規模也遠比美國小。可是，今昔卻發生了同樣的經濟動盪，結果也是在預料之內。甚至連事件發生前的情況也很類似：在投資已變質的經濟氛圍下，由於銀行

的抵押品不足，央行對放款猶豫不決，而且萬一資產真的變得一文不值時，也無法獲得國會足夠的支持。

金融恐慌是因為缺乏信心；一間金融機構若失敗了，無論是以多麼有秩序的方式收場，都會引起市場的信心不足。採行部分準備金制度的銀行，對市場上的任何風吹草動都很敏感，即使擁有很高的資金部位，也會顯得不敷使用。不過，這也有益於在恐慌發生的第一時間，銀行立即增加更多的資本，並降低風險承受。但是，承擔風險的本身並不是問題：就算金融機構所承受的風險，相對於其吸收的損失金額已降低了一半，恐慌同樣也是會發生。恐慌發生時，穩健的資產也會降價打折，因為它使得銀行與投資人，開始拍賣所有資產以換取現金，市場上開始出現劣幣驅逐良幣的現象。當這情況發生時，資產價格下跌，放款人開始抽銀根，而企業被迫節省支出，這些結果坐實了恐慌的來臨。

《多德－弗蘭克華爾街改革暨消費者保護法案》的總結是：大銀行造成企業倒閉，房屋價格下跌以及個人財富被抹煞，但真正的情況，可能剛好與此相反。銀行一開始會倒閉的原因，是因為房價下跌，企業倒閉以及存款蒸發殆盡，因此銀行資產再也不像以往一樣具有價值，反而瞬間變得一文不值。並非銀行讓房價下跌，造成金融市場崩盤以及人民失業。這一切均息息相關，且很容易同時發生，並不代表具有直線因果關係。

房價與金融資產崩跌，是因為央行利用利率槓桿主動拉抬其價格，並預期這將進一步刺激更大的消費以及資本資產的形

成，如此一來，對消費者產品與勞務的需求以及薪資收入，都將會等比例的提升帶動。這只是被誤以為貨幣政策的唬人遊戲，不是萬無一失、帶來穩定結果的機制。主動提供儲備資金予商銀，加上推動實質負利率，毫無疑問是創造更高收入的保證。而且假如當時商銀以及投資人，並未降低其信用放款標準以及風險貼水，央行會變得更具強制性，直到他們依照央行所預期的方式行事。

但是，當利率升高之後，銀行與投資人卻損失大增，原因是央行一手推動的好景氣，原應該讓借款人的收入增加，但事與願違之下，他們卻付不出債務來。因此放款人自然會要求提高其利息，以彌補其放款所承擔的風險，而投資人也同樣調高所有投資的風險貼水。當資產價格開始下跌，影響了企業與消費者信心，進而傷害銀行的資產基礎。這樣的情況讓銀行更不情願放款，信用因而變得緊縮，使得經濟緊縮更為擴大。在美國房屋所有人的房貸繳不出來，開始出現違約行為後，投資人拒絕購買「不動產抵押貸款證券」(MBS, Mortgage Backed Securities)，銀行對此應該也無話可說。若市場擔憂會爆發進一步虧損，讓投資人對證券以及公司債投資也跟著怯步，同樣的，這也不是銀行的錯——即使他們同時間也終止對企業的放款授信。

就像 1793 年時一樣，放款人之間的信心不足，證明了唯有政府或其代理人，才有辦法改變信用緊縮的情形——唯有這麼

做，政府才不會有損失。確保流動性與信用不會從金融系統中蒸發，是很重要的一件事——這是唯有政府或其代理人才能執行的重要功能。在緊縮的市場中提供流動性予一間私有機構，將此行為稱為「紓困」，這是投民眾所好的巧妙手法。這情況就像一個染重病快要死亡的病人，只是這關係到集體利益——這可不同於社會慈善——因此政府必須使用納稅人的錢，來支付其住院與隔離費用，以免致命的傳染病擴大出去。在市場嚴重不景氣時提供流動性，必須在危急的情況下判斷企業目前的問題，是否會影響其持續經營的能力——如果會影響，那麼缺少這筆錢，這間企業就會倒閉。提供流動資金的責任落在政府身上，才能保護納稅人免於因信心危機，與信用緊縮所造成的損失。事實上，私人放貸機構以及借款人本身，也都是實際付錢給政府，為自己利益採取行動的納稅人。

而且，央行的行動的速度一定要快。若有任何猶豫，都會讓信心不足的情況更為惡化，資產拍賣的情況變得更為嚴重，納稅人遭受的經濟傷害程度就會更大。在一場深思熟慮以及為納稅人考量的公開的演出下，若整合各政府部門面對一場無論是否為紓困的情形時，中間如有任何時間誤差或躊躇，都會造成反效果。

英國在 2012 年也通過了《金融服務法》（Financial Service Act），此法類似美國的《多德－弗蘭克華爾街改革暨消費者保護法案》，亦催生了英格蘭銀行轄下的「金融政策委員會」（Financial Policy Committee）成立。該委員會主要負責辨

別、監控以及降低可能會讓金融系統不穩定的系統風險。該法案也催生了「審慎監管局」（Prudential Regulation Authority）以倡導銀行、「房屋建築互助會」（building societies）、信用機構、保險公司以及主要投資公司的安全與穩健，並保障保險公司的保戶等。如英格蘭銀行網站上所陳述：「為了倡導金融機構的安全與穩健，審慎監管局主要針對金融機構對英國金融系統穩定性可能造成的傷害進行監管。」[2]

由於央行身為貨幣價格設定者、最終放款人，並且掌握最終的貨幣供給，它們在參與金融系統監管時，必須要保持中立的立場。然而，央行的行為──如此的用心良苦──卻成為經濟的主要威脅。以其性質而言，系統危機是為回應貨幣政策而出現的。這是所有經濟參與者所面對的常態，且他們對這常態的回應長久累積下來，將會危害整個經濟。

在任何交易與銀行運作裡，交易員以及風險管理者都是分開、獨立運作的，以確保管轄人（風險管理者負責監控交易員）與被管轄人（交易員代表其客戶承擔風險）之間，沒有任何利益衝突。美國的金融穩定監管委員會、英國的金融政策委員會與審慎監管局卻不是如此。這些單位的成員，包括了央行主席以及評比設定委員會的成員們，但他們只是裝模作樣的組織，裡面的交

2.http://www.bankofengland.co.uk/pra/Pages/publications/prafoi. aspx.（資料取得日期 2016 年一月十五日）。

易員可能比風險管理者多一倍。因此在近期事件裡,在央行權力集中以及傲慢造成人類的錯誤之下,納稅人並未受到足夠的保障。只要這些機構持續不受到任何挑戰,將會造成巨大且深遠的影響。

要真正監控系統風險,一定要由央行以外的專業單位負責,並且對貨幣政策的結果品質進行評估。這個單位要有權力淡化貨幣政策帶來的衝擊——也就是以經濟脆弱換取短期獲利,提升了未來危機的風險性。自從 2007 年至 2009 年金融危機發生近十年來,各國央行仍然只關注消費者物價通膨,當過剩的貨幣已超越了實質經濟,這現象正是 2007-2009 年金融危機,以及經濟大蕭條兩者發生前的前奏曲。因此,這專業機構存在的目的與理由之一,就是當過剩的貨幣已經超越其價格標準,就要對此現象提出警告,才能確保整個經濟的持續性,而非僅有金融持續性而已。

不受限制與管理的銀行組織,才不會身陷金融危機裡。2009 年五月,聯準會主席柏南克曾這麼說道:

聯準會對銀行控股公司(包括金融控股公司)、選擇加入聯邦準備系統的州立銀行(州成員銀行)、外國銀行機構在美國辦事處,以及各種美國公司涉及國際銀行業務等單位,具有監管與規範的權力。我們與其他聯邦及州立監管單位合作,以維護銀行業的安全與穩健,確保更廣泛的金融體制之穩定性,並幫助確保消費者在金融交易時,獲得公平與合理的對待。…在近期的金融危機期間,

監管專家的意見以及我們掌握的資料，對我們的幫助是無價的，讓我們可以好整以暇的面對存在於某特定金融機構與市場中的潛在系統性風險，並讓我們能夠好好扮演最後放款人的角色。[3]

這段話證明了一個事實：央行其實非常了解金融制度，且其監管權力擴及了所有角落。商銀裡的投銀系統，可提供整個金融體系中關於衍伸性金融商品、證券化的特色，以及槓桿操作等相關充足知識。而且，聯準會自己也擁有季報統計數據，讓央行亦能充分掌握經濟體中，各種產業的資產負債情形；這些資料顯示，整體的槓桿操作愈來愈頻繁，且金融體質愈來愈脆弱，警示燈就在政策可以避免危機發生之前，已經亮起。央行不願停止信用的提供，不願提高對資本水位的預期，是因為在放寬放款標準與金融創新的過程中，銀行系統只會回應貨幣政策的指示——一開始當利率一直維持低檔時，是直接明白的回應；接著，在後期放緩升息腳步的兩年時間裡，則是默默的支持。它積極主動提供現金儲備以及推動實質負利率，其實有一個風險：無法保證收入一定能足夠增長。央行明知此風險的存在，卻仍一意孤行。它造成風險的責任尚未全部清償完畢；銀行與投資人頂多降低了應負責任，因為購買力下降，還有央行不斷暗示低利率是帶動經濟持續成長及穩定的方法，它們只是被引誘這麼做。假如銀行對於自己的犯規行為感到些許罪惡感，央行至少也是同謀共犯。

---

3. 2009 年五月七日，聯準會主席柏南克於芝加哥聯邦準備銀行「銀行結構與競爭研討會」（透過衛星）所發表的演講：「金融危機的銀行監管教訓」（Lessons of the Financial Crisis for Banking Supervision）。

經濟走緩以及資產價格下跌，無可避免的耗盡了銀行資本，因此央行的流動性提供當然是愈多愈好。有鑒於此，由各國家銀行管理者暨央行所組成的「巴塞爾銀行監管委員會」（Basel Committee on Banking Supervision）提出的《巴賽爾資本協議 III》（Basel III）改革，顯得十分重要。提出來的改革措施主要目的，是要求銀行擁有更高水位的資本儲備、流動性提供以及更好的槓桿使用，這些種種從 2013 年至 2019 年間將逐步的實施。這些措施將會組合起來形成一項新的國際標準，毫無疑問的，這些標準會讓銀行制度在未來變得更穩定與韌性。

然而，唬人遊戲絕不僅僅發生於央行與銀行產業之間。它更廣泛存在於存款人與借款人之間。《巴賽爾資本協議 III》或許真的可以讓銀行產業更健康，卻無法解決資產價格脆弱的問題，並把損失的焦點直接轉移到存款者身上。當資產價格下跌，當資金錯誤的從存款轉為投資、進而蒙受損失時，社會整體依然是脆弱不堪，其真實價值已被實質負利率以及央行的脅迫所蒙蔽。

再者，即使擁有更多的資金，在資產價格下跌之下，銀行也絕不可能全身而退。

由於身處在前線，銀行永遠是唬人遊戲下的前線步兵；在資產價格超跌的經濟衰退期間，成為首當其衝的受害者。銀行將無可避免的變得不願放款，其結果會讓衝突愈來愈擴大。在所有結果都惡化的情況下，最重要的是，請記得他們並非始作俑者。

第五部

邁向穩定

當這些研究文獻認為是交易員與投資人，

把資產價格推向泡沫之時，

奇怪的是，這些文獻卻為也擁有相同人類天性的

央行行員們開脫除罪。

第 25 章　真實的自由

那些認為是放任經濟與不受控管的銀行，讓我們必須永無止境的倚靠低利率，並且讓資產市場像旋風一樣迅速起飛又墜落的人們，要知道，其實事實並非如此。並不是放任經濟，而是傲慢的態度蒙蔽了人類的智慧，使之遲鈍，才會被通膨之名所戲弄、刺激與操控。

那些認為「通膨，哪有通膨？」的人們，要知道，你們只欺騙了自己。因為，讓自己從充斥著過剩資金的環境中全身而退的人，他們正追逐著資本資產，且獲利比通膨率還要高。

認為自己因失業而心痛淌血的人們，要知道，低利率對我們完全沒有幫助。它造成人類、實體與金融資產的配置錯誤，締造出一個不知工作保障為何物的世代，並且創造一個收入與資本背道而馳的現象，瓦解了社會的凝聚力。

那些認為央行利用利率來去除經濟循環變化的人們，要知道，它們並沒有這麼做。它們只推升了資產價格，利用舉債方法讓大家提前消費，並為未來製造了一個更大的麻煩。

認為任何政策都要付出代價，且只要讓社會整體變得更富有、最貧窮的人只要稍為過得好一些就是合法政策的人們，要知道，你的說法根本就是違心之論。當你將央行處心積慮訂定利率的有形無形後果都考慮進去，會發現實際上社會的經濟面只有變得更糟，政府債台高築就是一個最佳證明。

對於認為通膨可以讓我們從債務中解脫的人們，要知道，這條輕鬆的道路上有隱藏的陷阱。它讓我們衡量債務時，只著眼於長期下來可以降低多少實質負擔，而非著眼它未來可以創造出多少價值。它創造出一個棘手的情況是，信用成為企業幫手的可能性降低了，反較容易變成不動如山的負擔——因而需要更多的通膨才能消除。

對於認為社會不平等的情況愈來愈普遍，且富人應該要課稅的人們，要知道，想把資產上所得到的獲利拿來充公，若貨幣政策一直讓資產價格大幅的高漲，那麼採取任何對財富徵收稅負的方法，其實效果皆有限。對富人課稅是對人類以勤勉與智慧工作、問心無愧而致富的一種懲罰，並鼓勵政府印製更多過剩的紙幣，好讓它們默默地徵稅。

花了二十年時間，針對失控的消費者物價通膨議題，大家才同意並承認，以往對於通膨與經濟繁榮間的關係推論是錯誤的——亦即通膨將會帶來繁榮。不幸的是，當大家才了解到這一點時，大家又有了一個錯誤的認知：因為繁榮可讓資產財富增加，

而推升資產價格將會帶來經濟的繁榮。在後來的二十年裡，這項謬誤讓我們債台高築，使得經濟危機與更不公義的情況再度登場。現在，只能靠我們自己，從央行利用利率槓桿推升資產價格、即可舒緩經濟循環的假象中走出來。

從經濟大蕭條中，我們學到一個重要的教訓是，一定要避免資產價格下跌，因為這會增加債務的實質負擔，並且影響支出與獲利。學到這個重要教訓之後，當時立法人員開始防止價格跌到現行一般價格水準以下——若跌到這個水準之下，債務就會產生。當價格真的下滑的時候，這代表價格應該要膨脹回到當時的一般價格水位。至於不是來自先前的教訓，則是必須要持續不斷的讓購買力下降。

以通膨為目標的想法，讓我們不需要任意的限制商品及貨物，這可以避免央行發行過多的紙鈔。以通膨為目標的這個想法基礎，可以追溯回到 1898 年，當時的克努特・維克塞爾（Knut Wicksell）如此寫道：「在任何時間點以及每一個經濟情況下，當時一定會存在著某種程度的平均利率，以至於一般物價水準，並不會往上或往下移動。」[1]

維克賽爾主張，通貨膨脹的壓力上揚是因為有限的資本貨物（capital goods），與由過剩的紙幣所創造出的無止盡需求相遇所造成。由於實質的限制，例如勞工、流動資金、土地以及生產力，這些所有用來創造資本貨物的項目有限，因此實質資本貨

---

1. 克努特・維克塞爾（Knut Wicksell），《利率與價格》，第 120 頁。

物的供給本身亦是有限的。由於這些資本貨物永遠要支付費用，而且要透過信用才能獲得，因此借貸成本下降（代表有過多的紙幣）對其價格將造成巨大的影響，使得通膨更加擴大。

倘若紙幣並不存在，資本價格或者利率，將會由真正的資本貨物的自然供需所決定。在這資本成本之下，也就是維克賽爾所謂的資本的真實利率，需求與供給會呈現完美平衡狀態。但是，因為紙幣的存在，現行的借貸成本會與理論上的自然資本成本不同。而這項矛盾之處造成了過多的金錢，追逐一項有限的資本貨物供給，以維克賽爾話來形容，會造成價格漸進與累積式的上揚。

基於這個資本的自然利率概念，經濟學家米爾頓・費里曼（Milton Friedman）以此基礎發展出了失業的自然率。這項理論慢慢演變成較為人所熟悉的「非加速通貨膨脹率的失業」（Nairu，non-accelerating inflation rate of unemployment）之概念──失業率低於通膨開始加速起漲的水準。其含義是，當愈來愈多人擁有工作，雇主間為了爭取勞工的紛爭會增加，且薪資也愈來愈高。如此一來，薪資的通膨就會轉變為消費者產品與勞務的價格，因為人們可以花更多錢來支付這些產品及勞務。

資本的自然利率是一個較難掌握的概念，且不像「非加速通貨膨脹率的失業」是要表達勞工短缺帶來的通膨壓力，那麼容易理解。然而，假如我們只認為，加速通膨是因為勞工短缺所致，我們又模糊一項事實：資本資產是降低借貸成本之下，所創造出

過剩的紙鈔之主要承載物。無論一般價格水準是以漸進累積式還是加速的上揚，我們都會先認為資本資產通膨，會轉嫁至消費者產品與勞務上。

由於自然利率並非肉眼可見可觀察，維克賽爾的政策處方，是要改變市場中的借貸成本（可觀察亦可以控制），直到一般價格水準不會往上升亦不會向下跌。雖然目前央行假裝正在做一樣的事，但當它們把通膨率訂定在正值，且將報酬率訂得比通膨率低時，他們用過剩的貨幣，創造出購買力減損的預期。當這些通膨預期一被央行創造出來後，便立刻被導入了資本資產中（在不影響消費者物價之下），並且也樂於停留在資本資產，因為它們可替長期累積下來的購買力損失提供保護。因此，要讓以通膨為目標的理想實際發揮效果，一定要對保護貨幣的購買力，具有真實的承諾。

因此，央行應該鎖定一個在 2015 年與 2115 年都會相同的一般價格水準，正如第一次世界大戰前一百年的多數時間一樣。如此一來，一個貨幣單位長久下來的購買力將會保持不變，這將會把央行的負利率武器卸除，消除央行利用負利率創造短暫繁榮成長以擺脫興衰循環的假象。

這樣的政策將可消除人們因購買力下滑而造成財富減少的恐慌，而這正是人們追逐資本資產的主要誘因，也是無以為繼的資產價格泡沫在第一時間形成的原因。這可大幅降低民眾為購買房產以對抗經濟體中過多貨幣所背負的債務負擔。同時，這也會鼓勵信用的建立，可以有機會創造出一個強健穩定的收入金

流——此金流可自行負擔其債務，甚至是在更高的利率水準下。承擔風險將會被導往創造價值的方向，卻完全沒有感覺到這是央行的唬人遊戲。

把央行的工作任務簡化後，我們須承認，央行無法成為我們預期裡的超級英雄——要同時兼顧就業最大化、購買力維持以及創造一個穩定的金融系統。但是它們的角色依然非常重要。它們依然要負責訂定利率，同時，要以一個穩定的一般價格水準為目標，此價格既不會上升也不會下跌；以往以 2% 為目標的消費者物價通膨就會降至零。但央行仍要防止一般價格水準下跌；在經濟大蕭條期間，聯準會放手讓它跌了。它們應該要保證金融系統的穩定，並有能力隨時都可以提供信用，而且在市場發生恐慌時，隨時做好提供必要的流動性之準備。不過，只要金融系統創造出來的信用，變得更有生產力並創造出更多價值市場，市場發生恐慌的可能性將會自我降低、並且消失。

在提供流動性予銀行業時，央行一定要著眼於銀行資產負債表上的資產品質。任何銀行危機，最初都是因實質負利率的強迫特性引起，接著是法規規範的失敗，最後則是商業銀行及投資銀行錯誤引導投資人投資風險性資產，造成資金錯誤配置所帶來的後果。因此，假如所管理的金融機構因抵押不足以及缺乏流動性而倒閉，央行行員們應該與商銀及投銀的管理高層一樣，應該將其與工作表現連結的薪水（或任何高於公僕平均薪水之薪資）或是退休金，全部追討回來。這也是保護納稅人的方式，

防止央行行員們在法規或政策上有任何疏失。

央行對於如何達到靜止的一般物價水準，與穩定金融系統之目標，仍有許多裁量權。理想上，央行行員們的薪水應該與一般物價水準的變化相互連動。因為通縮必然隨著通膨之後而來，通縮發生時，一定令所有人不好過，因此央行一開始一定會有製造通膨出現的意圖。此外，倘若它們能夠成功的將通膨維持在2%，那麼維持在零，也一定辦得到。

有些人心中可能也會有疑問：「如果維持不變的一般物價水準，不小心遇上了經濟衰退，會發生什麼事呢？在此情況下，央行不應該降息，帶動經濟成長嗎？」大家很自然會有這樣的想法，因為一直以來，大家已被引導、制約這樣思考。假如央行藉由製造通膨，可帶來持續性的經濟成長，那麼央行降息自然可行；但是過去二十年來，錯誤的製造通膨預期，並且在資產價格上造成不斷的起起落落，已經證明央行再也不能這麼做。1990年代來不斷重複的金融危機，這正是央行政策錯誤的結果，而非商銀與投銀人員們的貪婪與欺騙所致。當我們發現這個事實不久，才愈來愈明白，央行可以做的就是讓價格保持穩定，也就是讓購買力不再上下變化。

根據凱因斯學派對失業以及經濟成長不足所提出的因應方式，應該是由政府負責，帶頭去增加整體的需求。在經濟衰退的環境下，私有企業產出不足的部分，應該由政府負責填補，投入

具有生產力與價值創造的活動;由於從未使用過的資源著手,這些活動應該不會有通貨膨脹的情形。而且,降低消費相關稅收(銷售與增值稅)以刺激消費者支出,應該是第一要務。因為,一個政府機構(央行)試圖利用降息來刺激整體消費,但政府本身——例如英國政府——卻徵收高達 20% 的增值稅,無形是打擊民眾的消費意願,這真是一件荒謬可笑的事!

當景氣邁入緩慢衰退時期,利用增值稅或銷售稅作為刺激整體需求的工具,比起只依賴創造資本資產的需求,還要有益於經濟的均衡成長。因為繳得稅金減少,進而增加了消費意願後,在需求增加下,生產者也較願意聘僱更多員工並生產更多產品。此外,為了避免生產者選擇不將稅收退還給消費者,任何消費者已支付的增值稅或銷售稅,政府應該都准許可申請退稅。過程中所有可能產生的行政成本都是值得的,因為這會讓消費者在消費時,覺得每筆支出都享有最高達 20% 現金回饋的美好感覺。而這項激勵同時也會讓民眾降低存錢的意願,或較不會走向似是而非的節省、撙節的路途。

經濟變緩或衰退時繁重的消費稅將會減輕,且減輕程度在所得稅之上,這對心理帶來的效益非常大。而且,這對於收入較低的人們而言——而非富人,能利用自己的收入作更多的消費支出——其效果與意義更大。而且降低消費稅代表消費者不需要一開始就負債,政府並不需要在私部門中不經意地增加槓桿效應,就可以讓整個經濟脫離衰退的泥沼。

利率的設定與央行目前的做法並不會有所不同：在以零通膨為目標下，央行實際上就無法實行實質負利率的方法。倘若一般物價水準下跌，甚至是當央行已經將短期借貸利率訂在零，它們依然可以透過非傳統作法，進一步進行寬鬆化，但只能把物價恢復到一開始的水準（換句話說，只能嚴格的通貨再膨脹，而不是無限的膨脹）。至於何者是構成一般物價水準的元素？本質上，其實與我們目前的狀況無異——也就是一般消費性產品與勞務的價格水準。

以零通膨作為目標，也必須獲得所有主要央行的同意：否則，膨脹的貨幣將會貶值，這似乎把競爭的優勢平白送給了他們的出口國。然而，即使只有某一特定國家以零通膨為目標，長期穩定以及經濟真正成長所帶來的好處，肯定比出口下滑所造成的短期損失更為重要。

不過，以零通膨率為目標的反對聲浪，最有可能是來自於政府本身。政府可能會認為，通膨才是處理如山般的債務、且不會貽害後代的唯一方式。會有如此想法的人，也不僅政府而已：所有已經債台高築的人，也都寄託通膨可以幫他們脫離債務泥淖。而此想法的問題，就在最後的「脫離債務泥淖」上。假如目前的債務，透過未來更高的通膨就可以合理化，那麼，大眾要如何確認，在此預期之下不會再爆發另一個被隱藏的壞債？大眾要如何確認，當購買力減損更多的情況下，其負擔不會比目前所承受的稅負還要沉重？通貨膨脹，實際上只不過是隱形稅負的一種形式：是政府不必要負責的一種稅負。做為一個折衷妥協的解決方式，

零通膨政策經過長時間下來，就可以達到目標。通膨緩增到某個程度後，或許可以減少現存的債務負擔，但同時之間，對通膨的預期改變，則可限制未來任何輕率且魯莽的信用創造。

央行能提供一個穩定的一般物價水準嗎？或者這是個過分要求？它們能否達到目標，最無論是零或2%通膨水準，最主要還是得看他們有多大的決心與承諾。假如這麼多次以通膨為目標的復甦計畫都沒有成功，那麼通膨只能被視為是一種假象，尤其當通膨造成資本資產價格以及消費者產品與勞務價格之間巨大的差異，更凸顯其偽裝面貌。但是除了央行沒有意願之外，其實也沒有其他事可以阻止它在現有架構下去進行零通膨。畢竟，通膨的預期只是一種讓民眾分心的理由，因為所有私領域經濟的約束，都受到通膨的影響。而零通膨政策只是卸除了央行推動實質負利率的能力。假如通膨低於零，也不需要擔憂經濟通縮或景氣衰退：因為只要真正決心維持穩定的物價，民眾就會有信心，任何低於零的通膨在不久就會反彈回來，就像當它高於零時，也一定會修正回來一樣。

雖然零通膨政策將會消除資產價格泡沫的主要心理成因，但是人類的特質，很難對一夕致富以及一窩蜂輕率投資行為完全免疫。從歷史來看，這種行為偶爾就會發生一次，每隔一陣子就會折磨人們一次。

只要銀行的資本充足且監管得當，這類無以為繼且誇張起

伏所帶來的負面衝擊，就會被侷限且不致擴散。在股票、房地產以及債市上的集體瘋狂行為，才是之前造成大麻煩的主要原因，而過去這種瘋狂的現象，則是央行在以經濟成長的口號之下，有系統地創造出來的。

以後，再也不會有國家組織，教唆煽動人們的潛在性格，去針對潛在的資產價格獲利做出誇大且奢侈的推斷。

第 26 章 不確定性原理

　　1927 年，學者維爾納・海森伯格（Werner Heisenberg）提出了量子力學的不確定性原理，這與傳統物理中「所有物理量子的精確同步值是可以被衡量出來」之假設是不一樣的[1]。他反駁這項推測，並且證明一個比原子還小的運動粒子，其位置和它的動量，是無法被同時確定。電子位置之精確數值，需依據用來照明的光源波長而定，才能判斷衡量出來。要加強其正確性，我們必須使用較短波長的光源，但是如此一來，我們就不能忽略電子與光源本身互動之下所產生的影響。因為光子與電子之間的碰撞，也會影響電子的動能——當光源的波長愈短，對電子的動能影響愈大。因此不確定性原理的意思是，當我們愈準確的衡量一個電子的位置，就愈無法衡量出其動能；反之亦然。也就是說，當我們對某一方面愈肯定，對另一方面就愈無法確認。

　　而經濟體中信用的創造，其數量與品質也有相同的交換關係。當我們愈確定以低利率創造出來的信用數量，我們對於其品

---

1. J Hilgevoord 與 J. Uffink,「不確定性原理」，出自「史丹佛哲學百科全書」（2014 年春天版），Edward N. Zalta 編輯, http://plato.standford.edu/archives/spring2014/entries/qt-uncertainty/。

質就愈無法掌握（就像是借款人違約的可能性）。這是因為低利率將我們的焦點，從投資所產生的收入是否穩定與耐久，轉移為低利率讓債務變得可以負擔。當大家可以承擔的債務愈高，就創造出愈多的信用。但是，愈多創造出來的信用，不代表未來的收入一定增加，可支付更多創造出來的信用額度。

例如，一位借款人以 5% 的年利率借了六十萬美元、或是以年利率 2% 借了一百五十萬美元，這兩筆錢的年利息都是三萬美元。因為利息都是一樣的，因此低借貸成本可以借到更多的錢。但是，低利率讓大家紛紛借款置產所帶來的租金收入，在未來可能依然維持一樣或者減少，而且房產的價值也可能不會再增值，可是，必須支付的債務卻可能會增加。因此，當新產生的信用額度愈來愈多下，本金能否歸還的不確定性也隨之增加。

在 2007 至 2009 年金融危機過後的懲罰中，銀行從業人員的紅利被討回，按說這應該是一種方法，可確認低利率所創造出之信用的質與量。但是在自由市場機制裡，經濟活動是由價格在主導，它勝過任何主觀判斷。而且，一開始降息的主要理由，就是釋放廉價資金的價格訊息，讓先前負擔不了的東西，變成人人可負擔，以鼓勵人們集體去承擔更大的風險。然而，銀行從業人員卻被期待得規避所有央行釋放的強烈價格訊號，判斷應該授信給什麼樣的人、到什麼程度，假裝這麼一來，銀行人員就可改變存在於承擔風險裡的不確定性。

這就像以下的情況一樣：政府才剛授權給超市，所有巧克力每一條只賣一分錢，但超市必須決定要賣給誰。可是，超市卻必須對消費者購買這近乎免費的巧克力，導致肥胖以及糖尿病增加而負責任。結果，所有超市在銷售的那一刻，必須做出價值判斷，分辨哪些購買者具有容易罹患肥胖、糖尿病、懶散與暴食的體質。政府為了讓更多人吃到巧克力、增加巧克力的消費，因此改變了巧克力的價格，但結果卻造成罹病風險提高，而這卻要超市負責，這似乎是不太合理的。同樣的，商銀及投銀從業人員只是如央行所願，在回應降息的價格訊號，他們並不能對信用增加所帶來更大的不確定性負責任，但如今，卻要背負著對長期經濟造成負面影響的擔子，尤其是為整體而負責。央行唆使他們在授信時降低標準，這才是事實所在。

在失業的情勢中，央行會自覺自己的行為十分合理──它們認為無論經濟體中的失業率達到什麼程度，創造出來的債務，將會帶來工作機會以及更高的收入，即使不確定原理一直存在。在更多人失業時創造出更多的信用，並不能保證這些錢用在投資上，必定可以帶來強健的經濟。這就像在人們飢餓的時候調降巧克力的價格，不代表這有益於人們的健康，或是這可以提供人們所需的營養。

由於政府企圖確保金融的穩定，央行被賦予額外的責任，在經濟繁榮時命令銀行提撥額外的必要資本，以吸收虧損（與經濟好的時候的要求相反），才能為隨後而來的經濟衰退做好準備。其目的也是著眼當高利率無法適宜的抑制信用成長時，可以減

緩銀行提供的信用。在經濟繁榮的尾聲時，不良信用的信用產生，會再一次模糊了一項事實——信用品質與數量之間的交換關係，其實一直都存在。無論信用是在經濟循環的哪個階段中產生，低利率導致負債愈來愈多，都會使得支付債務時的不確定性增加。

虧損承擔的資本緩衝愈大，或許可以讓銀行更有彈性，但這卻無法在一開始就把錯誤改正過來：在激勵信心以及釋放「動物本能」[2]的藉口之下，廉價資金伴隨著購買力減損伴，激勵了經濟玩家們增加槓桿效應的使用，去追逐資本資產。

假如債務是放款人（銀行）與借款人（家庭／企業）之間的合約義務，那麼依照定義，將此合約義務分配並證券化成投資證券，代表這項需求是來自於銀行之外的第三方投資人——來自於養老基金、機構與私人存款金額。為了回應過剩的廉價資金，這些存款人在造成 2007 至 2009 年危機的房市崩跌前夕，購買了證券資產以及相關的衍生性商品。

若以我們之前的例子來看，這樣一來，銀行實際上是放貸了一百五十萬美元而非六十萬美元，賺取同樣是一年三萬元的利息。為了回應政府的貨幣政策，用更高的槓桿賺取一樣的報酬，會讓財富破壞的風險更大。這是一個複雜的問題，因為包裝與銷售這些證券的仲介——也就是大家口中的投資銀行——手中握有部分這種資產，並且承受著將會危及其他銀行產業的損失。

---

2. 這用語是凱因斯用來形容誘發人們不由自主採取行動的情緒特質。凱因斯，《就業、利率與貨幣一般理論》，第161頁。

如果他們只是單純的仲介，銀行所遭受的直接傷害就不會太大，加上若有更多資金來吸收資產價格崩跌所造成的損失，這會讓整個銀行系統更有彈性。然而，無論究竟是誰過度冒險，以及過度冒險的細節內容為何，為了回應實質負利率而存在於數量與品質之間的交換關係，將會永遠存在。

我們的焦點，應該從需要一個更有彈性的銀行產業的金融穩定性，轉移到範圍更寬廣的經濟穩定性——為追求經濟穩定，品質將會更優於數量，並減少資源錯置造成的財富破壞。假如貨幣可以維持其購買力，就不會對未來收入的穩定性，在缺乏適切評估，也沒有迫切的需要之下，去追逐風險投資。

如此一來，這會降低資金錯置的頻率，帶來更大的價值創造可能性，並減少因資產價格崩跌而破壞財富的機會。當經濟與價格皆穩定時，也可以讓銀行業更為穩健，並且讓經濟長期創造價值、帶來更大的繁榮，不會因為資產價格突然大規模反轉而受苦。

第 27 章 經濟學與意識形態

在 2007 至 2009 年金融危機後的檢討聲下，經濟學被指控成為一門已失去適切性的「偽科學」。這並不令人意外，因為在嚴重的經濟動盪裡，我們期待著有一門鏗鏘有力的學問，可負責解釋關於收入與財富的生產及分配的管理規則。然而，假如我們要依據一門學科本身的內在一致性與寬廣度，來評判其優缺點，那麼經濟學仍是無可挑剔。自金融危機以來，經濟學的適切性其實減損有限，因為收入及財富的持續性與最大化，依然如以往的重要。

但不幸的是，經濟學的特性非常容易受到意識形態的影響——意識形態是一組有說服力的知識，它基於一個推論且出於善意的優越感，試圖壓制對方的想法並控制社會意識。相信推行實質負利率以及刻意讓購買力減損，是迫使經濟成長的關鍵，這就是一種意識形態。而且就像所有意識形態一樣，它利用大家對經濟大蕭條可能重現的恐慌，將此想法深植於社會意識中。

由於大家認為通膨可以帶來繁榮，這想法一直被認為是件好事，故難以動搖。假如可以控制通膨的負面影響——大眾因期

待更高的通膨所造成的困擾——這想法確實是事實。一間獨立運作的央行承諾將通膨率維持在低檔，它必須對民眾這樣說：金錢的價值一年不會減損超過 2%，且此數字是大家可正確預期、並且在做任何事時被列為考慮的因素。

假如真的是如此——一個不太令人有感覺、卻可被預期且獲得彌補的通膨率——那麼，民眾便可以在政府創造通膨的意圖中，獲得喘息的空間。但可惜的是，在以創造就業的口號下，2%的通膨率注定成為實質負利率的隱形武器。央行意欲促成實質購買力減損，作為透過資產價格機制帶動實質經濟成長的先行者，但最後，卻成大眾的一種懲罰。因為後來的資本資產價格的通膨，無法完全轉換、帶動消費者產品與勞務價格的提升，只是讓資產價格在毫無實質經濟支撐下大幅飆升。這些注定在某階段中破滅的資產價格泡沫，必須要琢磨明白。

金融與經濟學之間的相互作用，讓人們對於投資人的行為，有相當大量的關注與研究。這些研究中詳述了過度信心與樂觀，是人類天性，讓人們跳入了資產價格泡沫中。但是，當這些研究文獻認為是交易員與投資人，把資產價格推向泡沫之時，奇怪的是，這些文獻卻為也擁有相同人類天性的央行行員們開脫除罪。在決策之中犯錯，似乎意指只影響了參與交易及投資的人們，而不是訂定貨幣價格去推升資產價值的人。

———————————

過去二十年來的學術研究一直同意，利率在經濟中的角色，

就是帶動經濟成長與消費者物價通膨的先驅。但關於低利率與股市及房地產價格誇張的收益率，或是與社會中的負債水準，彼此間的關聯性研究卻非常的少。

許多經濟學家[1]認為，央行當時應該對失調的資產價格有所回應——事實上，應要以較高的利息，來抑制投資人過大的胃口，才能避免最終經濟衰退時造成的動盪。然而，這個想法不被傑克森霍爾共識認同的原因是，大家都天真的認為，資產價格真的可帶動經濟成長。而且，天真的以為，在以資本形成的藉口下，低利率將有系統的讓資產價格膨脹，並釋放了動物的本能——希望資產價格可帶動大眾的收入成長，成為源源不絕的正向循環。但它終究未能如願，原因是收入並未一起向上提升，央行如果升息並且把辛苦通膨的價格吹破，將會看起來愚蠢至極。

某種程度而言，缺乏學術文獻的探討，坐實了所有資產泡沫都是壞事的事實。不過，也有一種說法[2]，由於資產是世代之間財富轉換的管道，資產可以讓老一輩的人藉由把手中價格過高、或者可能沒什麼價值的資產賣給下一代，來從事更多的消費。這

---

1. S.G. Cechetti、H.Genberg 以及 S.Wadhwani 於 2002 年假芝加哥舉辦 的「Asset Price Bubble; Implication for Monetary, Regulatory and International Policies」研討會，共同準備及發表的「Asset Prices in a Flexible Inflation Targeting Framework」。這場研討會是由芝加哥聯邦準備銀行與世界銀行共同主辦，從 2002 年四月二十二日至二十四日為期三日。（然而，該看法並不僅限於本文章的作者）。
2. 針對社會歡迎資產泡沫的觀點描述，請見以下文章：G. Barlevy,「Rethinking Theoretical Models of Bubbles」，出自於「New Perspectives on Asset Price Bubble」，由 D.D Evanoff , G.G. Kaufman, 以及 A.G. Malliaris 合編。牛津大學出版社 2012 年出版。

麼一來，市面上存在著價值過高的資產或泡沫，正好解決了年輕人手上儲蓄過多的問題；事實上，這是年輕人付了過高資金來購買老一輩人們的資產，讓老一輩可以做更多的消費。所以，若泡沫破滅了，代表老人們沒有錢可以消費，即使這是更有生產力的運用，而只會助長存款的增加。那麼，我們可合理推論其結果是，假如有一項資產泡沫自行破滅，政策制定者應該還會再創造另一個泡沫出來。而且，由於政策制定者的政治嗅覺，他們也較關注「當下」的問題，期待獲得民眾的支持；因此他們自然會贊成「當下可帶來更多消費」的政策，即使這項政策會造成資金的錯誤配置。從葛林斯潘——事實上絕對不僅只有他或聯準會而已，開始宣稱支持金融市場，就等於認定了這個理論。因為政策制定者慢慢也會變老，他們同意這項有利於老一輩者的政策，似乎也並非巧合。

學術界對於造成資產泡沫的原因一直存著一種思維[3]，這想法一直沒有完全消除過，且獲得民眾的支持：這是資產管理產業所造成——更精確的說，這裡的資產管理業係指，擁有薪酬、代表存款人來管理資產的基金管理者。

基金管理者有好有壞：好的基金管理者知道如何分辨低估與被高估的股票，而糟糕的管理人卻沒辦法。但是，存款人卻無法辨別誰才是好的基金管理者——事實上，確實有好的基金管理人存在，是他們讓整個基金管理業生生不息。然而，也正是這

3.F. Allen 以及 G. Gordon，「Churning Bubbles(1993 年)」，出自於 2012 年出版的「New Perspectives on Asset Price Bubble」。

個原因,讓糟糕的基金管理人有藏匿的空間,因為基金管理者可因獲利而獲得獎勵,卻毋須共同承擔任何損失責任。因此,才會有糟糕的基金管理人,輕率拿著存款人的資金,投資風險過高的標的,花過多的錢去購買一支被高估的股票。由於這些糟糕經理人身上也有繳出高投報率的壓力,他們很可能冒著更高的風險,去購買高估的標的,期待可以及時繳出漂亮成績。在這樣的過程中,他們助長了泡沫的形成。

這個觀點與凱恩斯的投資與投資觀類似。**好的資產配置管理人,是根據長期營收預期為基礎來做投資,但糟糕的資產配置管理人則是以其他人的想法來做推測,並把一支股票在價格崩盤前賣掉的機率考慮進去。**因為這些糟糕的經理人被紅利獎金所刺激,願意花較多錢購買一支高估的股票,因此人們才會將這些泡沫的產生與破滅,怪到他們身上。

把資產價格泡沫的責任怪到交易員與基金管理者身上,似乎看起來很簡單。但這卻忽略了自從 1990 年代以後,基金管理業無可避免的趨勢。基本上,基金管理者可以分成三類型。第一,傳統的基金管理人,他們的風險承受度低,投資的報酬只要能打敗預先認定的指標,例如標準普爾 500 股票指數或是富時全股票指數即可。與這類經理人完全相反的是避險基金經理人,他們不依據任何指標操作。至於第三種是指數股票型基金或指數追蹤型基金(Index tracker)的經理人,他們只要複製某一個指數,讓投資人可以從某個股票市場或資產類別中獲利。購買指數追蹤型基金,讓存款人可以避開主動操作的資產配置經理人,避免

他們過度冒險只想賺一大筆錢。

　　一般來說，可為投資人賺取獲利多達兩成的避險基金，其實比較有興趣賣掉、而非買入價值被高估的股票或資產。他們的行為如何刺激、催生資產市場的泡沫並無從得知。至於主要以打敗大盤指數為目標、風險承受較低的傳統資產管理者，依然被指控在獎金的誘惑下，支付太多錢去購買資產。然而，從他們多數的產品設計來看，基金經理人的選擇其實並不多，只能在該資產類別之下去挑選投資標的。在此情形下，他們只不過就像是聽從存款人指示的資金保管者。

　　在整個九〇年代裡，存款人開始流行把錢放在避險基金或指數股票型基金，而非傳統資產管理者的手上。資產類別的選擇必須聽從存款人的命令，例如避險基金，而不是由經理人自己挑選。這些經理人受到引誘，去推測、追逐那些資產價格已被高估的標的。將資產泡沫怪罪於這群為存款人管理資金者的過度冒險行為，其實是輕忽了利率對資本資產造成的巨大影響，以及資本配置決策形成的原因及過程。

　　當人們繼續檢視其他造成資產價格泡沫形成的原因時，央行仍一直持續其方法，而此方法背後有一個已失效的意識形態在支持著。它們不太可能承認，自己是造成 2007 年至 2009 年金融危機的主要罪魁禍首，或者坦承資產價格誇張的飆漲並非泡沫，而是執行的政策失敗了。但是遲早，資產價格崩跌以及發

生意外惡果的這個模式，將會明確的指引大家方向。但在大眾輿論強烈至迫使改變發生之前，我們唯一可以預料的是，大家對商業銀行與投資銀行的指責將會更嚴厲，而銀行們喊冤的聲音也會更大聲。

第 28 章 遊戲結束

「狼來了！狼來了！」小男孩大叫著，此時村民帶著槍與棍子紛紛衝出來，要阻擋這隻狼並且保護羊群。在伊索寓言裡，大野狼根本沒有出現：小男孩坐在山頭上看著羊群，他只是在惡作劇。當村民到了時候，他佯稱大野狼已經跑了，村民對他的勇氣大表稱讚。幾天之後，小男孩又再一次惡作劇，村民再一次趕到要保護羊群，然而，這一次仍沒有看到大野狼的蹤跡，大家開始心存懷疑起來。一個星期後，大野狼真的出現了，當野狼野蠻的衝入羊群裡，準備飽餐一頓，小男孩再一次大聲求救，但這回村民認為他在說謊，都留在家裡。

這個故事的寓意是，你只能欺騙大眾一或兩次，但你這麼做只會讓自己身陷險境，因為下一次，大家已經不會再輕易相信你的話。

用降息來刺激股市與房地產市場，唯有同時能讓大眾相信

經濟會因此好轉，且帶來工作機會，同時薪資也會提升，並且讓企業有足夠的獲利，才會發揮效果。每次央行降息並大喊「工作來了！工作來了！」，他們也希望民眾的薪資會跟著一起起漲；然而，這只會讓股票與房屋價格在利息調升、而薪資漲幅仍然不足時，變得脆弱無比。在每次重跌的時候，投資人就會多流失一些信心，變得不再順從、聽話。2000 年股票市場重挫，投資人相信央行的呼喊，把錢轉入房地產市場。

當市場在「雷曼兄弟」投資公司於 2008 年九月宣布倒閉後崩盤，投資人一開始已經很不情願買單相信，最後是在央行使出超額的寬鬆貨幣政策之下而被說服。但是，如果利率再度反轉上揚，而薪資與企業獲利卻未能足以支撐更高的資產價格，市場可能再一次崩盤。投資人遲早會不信任央行，即使是在應該相信央行的時候。

此情況將會是通縮性的衰退，是由股市或房地產嚴重崩盤（或是兩者一起）所帶動，結果會讓民眾的儲蓄金蒸發，使得房產所有人手上的資產成為負資產。在這樣的情況下，即使央行降息，私有放貸者以及投資人的心理，對放款以及投資也會有所遲疑。假如市場出現修正，這群認為應該要盡情投資的人們，看見人人都變得謹慎小心，一定會猶豫、縮手。縮水的存款與負資產，會讓房屋擁有人在日常用度上更節省；當他們節省消費支出，企業接著也會受到影響。無論銀行吸收虧損的能力有多好，當價格下跌時，幾乎一定會限制信用，而還款人延付的款項可能會變成呆帳，企業紛紛周轉不靈而倒閉。假如央行試圖以購買更多政府

公債，或是從公開市場中購買其他資產，推動另一波的貨幣寬鬆，它們可能會發現，在先前出現的正面效果，這回將完全不見蹤跡。就像狼來了故事中，說謊太多次的小男孩，央行可能會發現已疲倦不堪與心存懷疑的民眾，再也不相信它們說的話，當市場不斷下跌、失去控制時，自己只會更無能為力。

這樣的結果是央行所擔心害怕的，這並不令人意外。它們也知道自己陷入了進退兩難的窘境：要讓自己一手推動的寬鬆貨幣政策，造成資產泡沫的形成；還是在薪資水準可以追得上之前，先讓泡沫破滅。2007 至 2009 年金融危機後的復甦，因而將會是以較平衡的方式發展。央行會試著讓股市與房市繁榮起來，但是要維持在相對有限的範圍內（至少，這是它們的期待），讓薪資能夠追上較高的資產價格，而非靠利率的刺激所致。由於上次經濟危機的震央是在美國的房價，因此聯準會對於未來廉價資金在導入房市時，將會有所警覺——即使它很清楚，在刺激經濟活動時，房市是最容易操作的資產類別。利用利率讓債券殖利率下跌至非常低的水準，央行在這部分，也會同樣的小心謹慎，因為這可能代表對未來的經濟展望，信心很低；或者，這亦可能造成另一個極端的狀況是，鼓勵人們過度利用槓桿操作。因此，央行應該會努力壓抑資產價格，並在金融市場上製造小波的震盪。

2013 年五月，柏南克刻意的發表一段談話，這段內容似乎

與聯準會謹慎進行寬鬆貨幣的官方政策，形成了對比。這段談話使得手上握有美國公債的投資人大虧一筆，即使當時美國經濟，尚未處於可以承受較高利息的狀態之下。而且當利率突然往上一升，股市也以重跌反應。然而，聯準會控制市場的企圖，不太可能產生持續性的影響。因為央行的唬人把戲一直未停過，這類談話就是世人最好的警醒。最終，2013 年的升息只是曇花一現，因為利率又下降回來，與先前聯準會及英格蘭銀行所發表的看法同調：它們將不會調升利息。股市與房地產市場又再度的上揚，回到低利率的新現實中。

這項「壓抑」手法的主要目的，是要延滯資產價格上揚，讓薪資成長有時間追趕上來，而這只能依靠慢慢的通貨膨脹而達到。緩和資產管道的熱度以爭取薪資趕上，看起來或許令人覺得混亂，也會造成反效果。但，這也並非是個完全無效的方法。只要央行最後可以控制住任何市場上的波動，在過程中不要不經意暴露出任何自行創造出來的弱點，或許，這是脫離二十年來造成多次金融不穩定過失的唯一希望。

而央行可能很幸運：它們的策略成功了，可以讓大家優雅的從 2007 至 2009 年金融危機期間，必須採行的低利率環境中解脫。這項結果將會是經濟成長伴隨著穩定通膨，利率慢慢的微調上升，讓資產價格遲滯不動，給薪資上漲起來的時間，企業開始獲利。

然而，假如央行再次操控金融市場，造成另一波廉價資金潮，

並讓購買力有系統的下滑，藉此創造出經濟成長，亦或者必須利用升息來壓抑升高的通膨，民眾都將要付出很大的代價。後者將會危及高利率治療方式，將無可避免的使得經濟衰退。至於前者則讓消費者物價及資產價格的上揚分道揚鑣，使得資產無基礎的飆漲，至終破滅崩盤。

最後，這分歧的消費者物價與資產價格，將會造成社會的緊張與經濟的困惑；造成前所未有的混亂情況。理想上，在央行革新的目標清單中，它們必須要同意，央行對經濟成長與穩定的最大貢獻，應該是確保貨幣購買力的一致性，同時在金融系統危急的時候，作為流動性的提供者。若不這麼做，在唬人遊戲再度失敗之前，危機四伏的經濟動盪肯定會再次上演，這只不過是時間問題。

終究，世界進步有賴於人們的智慧——但智慧與通膨的刺激毫無關係，但通膨卻是央行誤以為人類經濟持續進步的關鍵。推升房屋價格以及股市，鼓勵過度背負可能出問題的債務，絕非成長之路。相信央行利用利率就可以創造出經濟成長、讓我們從經濟起伏裡解脫，這只是癡心妄想。央行最多只能解決自己捅出來的簍子，但一定得付出代價。

購買已經過度膨脹的資產，無法保護消費者免於再次受通膨所苦，也不能把這行為當作是審慎的養老規劃。購買房產、想把資產留給後代子孫的人們，一定要知道，他們能給孩子們的最

好禮物，應該是堅強他們心智、給予他們勇氣，教導他們認真工作的道理以及從挫折中站起來的韌性。

倫敦公寓的房價或許仍會一直上漲，但房價若要不斷向上，前提是英格蘭銀行持續製造過剩、且不會流入實體經濟裡的資金；而這只是穩定的假象，因為消費者物價仍相對聞風不動。目前的狀況可能就是這樣，但毋庸置疑的是，這是一條通往險境的道路。

現今，我們很少質疑央行的作為，也不太要求我們的政府，保證讓物價維持在一般物價水準，讓我們的收入與儲蓄的購買力，長久下來不會被侵蝕。

以成長為名而推動實質負利率，與以和平為名而發動的戰爭一樣，都是適得其反的。它們佯稱過度自由是種墮落的行為──但卻又以購買力為代價來欺騙大眾，摧毀了大眾致富的信念；本質上，這是行動與口號的相互矛盾。

泡沫沉思錄
低利率的疲勞、失靈的價格與「便宜錢」對我們的掠奪

BLUFF
The Game Central Banks Play and How It Leads to Crisis

恩瓊・荷達（Anjum Hoda） 著／黃書儀 譯

國家圖書館出版品預行編目 (CIP) 資料

泡沫沉思錄：低利率的疲勞、失靈的價格與「便宜錢」對我們的掠奪
／恩瓊. 荷達（Anjum Hoda）著／黃書儀譯
初版／臺北市／大寫出版：大雁文化發行／2017.11
320 面 ;15*21 公分（知道的書 Catch On ; HC0073）
譯自／ Bluff : the game central banks play and how it leads to crisis
ISBN 978-986-95532-3-0（平裝）
1. 中央銀行 2. 貨幣政策 3. 金融危機
562.4　　　　　　106017523

大寫出版 ──────── 知道的書｜Catch On!　書系號 HC0073

著者 ──────────────────────────── 恩瓊. 荷達
譯者 ──────────────────────────── 黃書儀
行銷企畫 ─────── 郭其彬、王綬晨、陳雅雯、張瓊瑜、余一霞、汪佳穎
大寫出版 ─────────────── 鄭俊平、沈依靜、李明瑾
發行人 ──────────────────────────── 蘇拾平

發行 ──────────────── 大雁文化事業股份有限公司
地址 ──────────── 台北市復興北路 333 號 11 樓之 4
讀者服務電郵 ─────── andbooks@andbooks.com.tw
電話 ──────────────────────── (02) 27182001
傳真 ──────────────────────── (02) 27181258

初版一刷 ──────────────────────── 2017 年 11 月
定價 ──────────────────────────── 300 元
ISBN ───────────────────── 978-986-95532-3-0
版權所有 ──────────────────────── 翻印必究
Printed in Taiwan. ──────── All Rights Reserved.
大雁出版基地官網 ──────── www.andbooks.com.tw

泡沫沉思錄